做个会讲故事的好妈妈

给孩子讲故事、编故事的方法和技巧

[意] 保拉·圣塔戈斯提诺 ◎ 著　杨苏华 ◎ 译

北京理工大学出版社

版权专有 侵权必究

图书在版编目 (CIP) 数据

做个会讲故事的好妈妈：给孩子讲故事、编故事的方法和技巧/(意) 保拉·圣塔戈斯提诺著；杨苏华译. —北京：北京理工大学出版社, 2019.10

（关键期关键帮助系列）

ISBN 978-7-5682-7476-0

Ⅰ. ①做… Ⅱ. ①保… ②杨… Ⅲ. ①儿童教育—家庭教育 Ⅳ. ① G781

中国版本图书馆 CIP 数据核字 (2019) 第 178021 号

北京市版权局著作权合同登记号 图字 01-2019-4694

© Il Castello S.r.l., Milano 71/73 12-20010 Cornaredo (Milano), Italia plus date of first publication and the title of the Work in Italian
The simplified Chinese translation rights arranged through Rightol Media （本书中文简体版权经由锐拓传媒取得 Email:copyright@rightol.com）

出版发行 /	北京理工大学出版社有限责任公司
社　　址 /	北京市海淀区中关村南大街 5 号
邮　　编 /	100081
电　　话 /	（010）68914775（总编室）
	（010）82562903（教材售后服务热线）
	（010）68948351（其他图书服务热线）
网　　址 /	http://www.bitpress.com.cn
经　　销 /	全国各地新华书店
印　　刷 /	三河市华骏印务包装有限公司
开　　本 /	880 毫米 × 1230 毫米　1/32
印　　张 /	4.125
彩　　插 /	10	责任编辑 / 李慧智
字　　数 /	90 千字	文案编辑 / 李慧智
版　　次 /	2019 年 10 月第 1 版　2019 年 10 月第 1 次印刷	责任校对 / 周瑞红
定　　价 /	39.80 元	责任印制 / 施胜娟

图书出现印装质量问题，请拨打售后服务热线，本社负责调换

关于本书

本书分为四个部分。

第一部分是"大人讲故事",主要讲的是给孩子讲故事的时候要遵循哪些原则,才能保证每天的"故事时刻"既温馨,又能让孩子学到东西。这一部分还告诉我们如何挑选童话故事、哪些故事最好避开,还教给我们怎么编新故事。

第二部分是"孩子讲故事",讲的是如何激励孩子自己编故事,以及当孩子在编故事的过程中遇到困难时,家长应该如何帮助他们想出一个圆满的结局。我们一定不要忽视在故事中"成功解决问题"的重要性,因为孩子自己编的故事中所涉及的问题,很有可能是孩子在现实生活中(至少是在某个特定的时期)需要解决的真实存在的问题。

第三部分是"在学校里讲故事",讲的是在学校里如何组织孩子们编故事，为那些想要借助童话作为教学工具的老师提供了一系列具体而实用的建议。

在每一部分的最后，我们都可以看到一个"要点回顾"的模块，汇总回顾了当前章节中所讲到的重要建议。

本书的最后一部分内容是"附录"，包括"推荐书目"和"用卡片玩编故事的游戏"两部分，推荐书目供想要深入学习本书中所涉及话题的读者参考，最后一部分则由一系列彩色的游戏卡片构成，读者可以把这些卡片剪下来，直接拿来玩"编故事的游戏"。

目 录

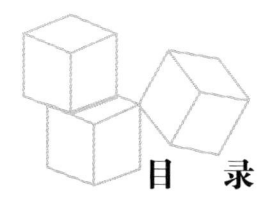

大人讲故事

第一章

为什么要给孩子讲童话故事 / 3
    1. 每代人都离不开童话 /5
    2. 儿童与童话 /7
    3. 儿童的象征主义 /8
    4. 解决问题是我们的习惯 /11
    5. 妈妈的声音非常重要 /13

第二章

应该给孩子讲哪些故事？ / 15
    1. 经典童话故事 /17

2. 经典童话故事的叙事结构 /19
3. "遥远的古代"的故事并不过时 /22
4. 孩子最喜欢的童话故事 /24

第三章

哪些故事不能讲给孩子听？ / 27

1. 结局不圆满的故事 /29
2. 带有惩罚性的品德教育故事 /33
3. 距离我们太远的童话故事 /36

第四章

如何给孩子编故事 / 39

1. 从"从前……"开始，充分发挥想象力 /41
2. 编"以教育为目的的童话"要格外慎重 /42
3. 父母如何通过借助想象来创作及解决问题 /43

孩子讲故事

第一章

如何跟孩子一起编故事 / 53

1. 和孩子一起玩即兴编故事的游戏 /55
2. 如何化解故事里的危机？ /57
3. 如何角色互换，让孩子续讲故事 /63

第二章
如何让孩子自己讲故事 / 75
1. 孩子讲故事，大人两个"不要" /78
2. 故事试读：孩子自己讲的故事 /80
3. 当孩子讲不下去的时候 /85
4. 绘画——一种独特的讲故事的方式 /96

在学校里讲故事

第一章
课堂上的童话故事 / 101
1. 童话故事是非常好的教学工具 /103
2. 应该选择哪些故事？ /105

第二章
如何在课堂上编故事 / 107
1. 由老师来开头 /109
2. 划分小组及小组间的协调配合 /112
3. 童话故事卡片 /117

附录 / 120
推荐书目 /120

大人讲故事

第一章

为什么要给孩子讲童话故事

1. 每代人都离不开童话

"从前有个讲故事的老婆婆……"
"那是什么时候？"
"是很久很久以前……"

说起童话故事的起源，那是非常久远的事情了，早已尘封在了历史的迷雾中。在文字诞生以前，人类的全部文化宝藏都是通过口耳相传的方式保存下来的。村庄里的老人会向年轻人讲述发生在他们自己身上的所有故事，以及他们的父辈和爷爷奶奶的所有生活经验。通过这种方式，古代的人们不仅可以向后代传授直到他们这一代为止所积累的谋生技巧，同时也将千百年来慢慢形成的文化观念传达给子孙，包括宗教信仰、仪式活动和世界观等。

在原始的口耳相传的过程中，神话、传说、童话和真实的生活之间并没有清晰的界限，它们都是交织在一起的，宗教元素、传统仪式以及实用的技术经验都会渗透其中。因此，同一个主题往往会贯穿于描述部落起源的传奇故事、讲述部落英雄事迹的传说和最普通的日常生活技能的传授之中。比如，印第安的小伙子通过学习知道野牛皮莫卡辛鞋（mocassini）只能采用某一种特殊的方法缝制而成，但是他们同时还从老人们的讲述中了解到，当初村落里的英雄曾经跑到野牛神那里，请求神灵赐给他一百张野牛皮，然后用这些野牛皮缝制成了可以长途跋涉的舒适鞋子，从而拯救了所有人。因此，在这些印第安年轻人眼里，莫卡辛鞋远不止是一双用来走路的鞋子，其具体的制作方法，连同野牛神的宗教色彩、传说中的英雄及其奇幻旅程、神圣的狩猎仪式以及迁移习俗都是糅合在一起的，它们彼此交织，共同构成了一个含义深刻的整体。

由此可见，在这种原始的文化传播方式中，童话故事发挥着重要的作用。那时候童话是属于所有人的，它属于成年人，属于全部民众。当时这些故事可不是三两个人随便就能传述的，必须要由部落里德高望重的长老来开头，而且所有的人都要围在长老身边倾听。这一充满着仪式感的时刻，构成了部落智力生活和精神生活的核心。后世的人们改编出了各种版本的故事，但是追根溯源，我们创作的素材都是来自那些最初在世界各地发展流传的大量口述故事。

童话故事就这样一直在世世代代的人群中流传，一直到17世纪，讲故事仍被视为一项成年人的高贵活动。然而，理性主义的肆虐将想象的范畴排除在了理智生活之外，从此，与想象、幻想相关的事物只有在艺术家的领地才能勉强找到一个没有名分的归宿。面对现实的理性之光，虚幻的空想无处躲藏，前方是理性的光明未来，后方则是无知蒙昧的黑暗过往，在这场对决中，后者显然没有优势。从启蒙时代开始，科学成了世界的主角，人们开始认为成年人应该通过提高自己的理性能力来面对现实，幻想类的行为是不恰当的，必须杜绝。

于是，童话故事逐渐沦落成一种供老人和小孩来打发时间的东西，因为他们老的老，小的小，没有办法进行思考……

2. 儿童与童话

其实儿童的确是因为年龄太小而没有办法"思考"。这里所说的思考指的是理性层面的思考，我们平时提到这个词一般也都默认为这层含义。儿童的思维结构不同于成年人，他们还不具有很强的抽象思维能力；他们的小脑袋虽然能精准地在图像间建立起线性联系，但是却仍然不能加工处理抽象的概念，更搞不清这些概念之间的逻辑关系。孩子们刚刚来到这个对他们来说崭新的、完全未知的世界，他们努力收集和整理外界的各种刺激，确定这些刺激的含义，然后将它们在脑袋里绘制成一幅"地图"。

这样的"地图"对孩子来说至关重要，因为感官每接收到一种刺激，小家伙们就能借助"地图"找出这种刺激所对应的含义。我们会发现儿童都会经历一个喜欢问"为什么"的阶段,这实际上是他们在建立"地图"的过程中的一个关键步骤。

"妈妈,为什么火会燃烧?"

这个问题对成年人来说很难回答,因为我们虽然非常了解燃烧的现象,但是孩子问的是"为什么",而不是"怎么样",这种认知方法我们早就已经不再用了。成年人擅长的是如何让某一现象发生,至于为什么会发生,该怎么解释呢?

"为什么"这个问题寻求的是某件事的意义,而不是实现方式,探讨的是某件事情的目标、意图和普遍的意义,这可是一个形而上学的问题啊!

3. 儿童的象征主义

科学以及成年人的理性思维负责研究的是如何让各种现象发生,在这一领域,我们确实收集了大量信息,取得了喜人的成果,但是与此同时,我们也越来越丧失了追问"为什么"的能力,在我们的印象中,"为什么"似乎越来越接近于一个宗教性或哲学性的问题了。

科学家能够解释我们是如何活着的,至于我们为什么活着,他们实在是无法解答。这不是他们所研究的领域!但是儿童所提出的正是这样一些问题。

"妈妈,为什么火会燃烧?"

"因为火很热。"

"那为什么它很热?"

"因为木头会消耗掉,然后产生能量。"

"那为什么会产生能量?"

这样的对话根本就是驴唇不对马嘴。孩子连珠炮似的追问为什么、为什么、为什么,这让成年人非常为难,因为他们根本不知道怎么回答,最后往往恼羞成怒。孩子的这类问题最终都得不到真正的答案,只有当他们自己放弃刨根问底了或者转而去探索其他问题了,这场"追问战"才会随之停止。过于理性的解释孩子根本无法理解,因为他们的小脑袋里还不具备任何理性范畴的基本概念,没有办法接受这些解释。于是,我们上面所提到的"能量"的概念在孩子们的眼中大概变成了一个"小绿人"[1],这个小怪物吃掉了木头,然后吐出了火苗。

"妈妈,为什么会有风?"

"因为空气会从高压地区移动到低压地区啊。"

---

[1] 西方人描述的一种可能存在的外星生物。根据描述,他们拥有人类的体型,但与人类不同的是,他们的皮肤是绿色的,而且身材比人类矮小,有的头上还有触角。因肤色是绿色的,故被称为"小绿人"。

看吧！"高压地区和低压地区"这下也变成了神奇的咒语，孩子们会觉得它们指的是两个强大的王国，风先生骑着他的带翅膀的骏马在这两个王国之间驰骋，至于这位风先生为什么这么着急，我们希望宝宝暂时不要再问了，否则妈妈可要烦透了！

在给孩子解释某些自然现象为什么会发生的时候，成年人往往采用理性的方式，将大量信息一股脑地全部传达给孩子，生怕解释得不够详尽。但是孩子理解不了这些"解释"。这些听不懂的术语对孩子来说就像咒语一样，虽然每个词语本身对他们没有任何意义，但是他们还是会牢牢地记在脑子里，一有机会就努力地重复和记忆，因为他们觉得这可是爸爸妈妈告诉他们的有魔力的词语，所以非常重要呢！这些咒语是无可置疑的、不接受批评的，它们之所以有意义，并不在于其内容有多有趣，而在于它们的来源："这是我爸爸告诉我的"，"而我是从我妈妈那儿听来的"。因此，内容不是关键，说出这些咒语的"魔法师"之间的较量才是孩子最关心的。

童话讲述的才是关于"为什么"的问题，这些故事总是围绕所发生的事情的意义展开。

"王子游到海底深处，去寻找老国王丢失的钻石戒指，因为他只有找到了这枚戒指，才能迎娶漂亮的金发公主……"

至于王子不带氧气罐是怎么潜到海底的，孩子们根本不关心这个问题，他们也不会问为什么国王的戒指总是会丢在这些意想不到的地方，或者为了娶到公主或嫁给王子为什么会有这么多奇怪的规则。在童话世界中，动物会说话，植物也会交流；海神是一个住在水底下的长胡子先生；太阳是骑着骏马在天空中驰骋的战神；月亮则是一位皮肤白皙、身上缀满珍珠的淑女。这些明明跟现实非常不符，但是孩子却从来不问为什么，对孩子来说，周围的一切仿佛就应该是有生命的，背包会说话、大象会飞，似乎是最自然不过的事情，根本不需要任何解释。

不过我们成年人倒是可以思考一下这个问题。孩子之所以不会质疑童话里的离奇现象，是因为他们本身就生活在这样一个"原始的魔法世界"中，在这个世界中，人类这个物种才刚刚诞生，所有的个体才开始慢慢形成。因此，这是一个我们都认识的世界。这里所有的东西都有生命：物件都会说话，动物和植物也会说话，宇宙万物都遵循同样的逻辑，追求同一个目标。这个世界里充满了激烈的战争和冲突，也充满了戏剧化的胜利与失败。

4. 解决问题是我们的习惯

童话总是会提出问题。理论上来说所有童话故事的结局都是圆满的，但是事情的进展并不总是一帆风顺的。童话的典型叙事方式就是首先创立一个场景，好尽快把主角卷入情节之中，这个场景有可能是幸福温馨的，也有可能是不幸的。比如，王子总是会被杀害或者必须要完成不可能完成的任务；无辜的公主总是会被恶毒而残忍的巫师迫害；小孩们则会落入巫婆的魔掌，她会把这些小家伙因禁起来喂胖，然后把他们吃掉。随着故事情节的发展，这些可怕的事情会一件件被解决掉。因此，童话故事是在手把手地带领孩子摆脱困境。这正是童话的意义所在，它采用便于孩子理解的充满想象力的语言，设计出很多戏剧化的场景，包括激烈的冲突、揪心的悲剧事件，然后再让孩子看到问题是怎样解决的，一步步带领孩子找到出口。童话既提出问题，也提出解决问题的方法，而且这个过程都用孩子唯一能明白的语言——幻想的语言——来讲述。

一方面来说，童话里总是会出现很多儿童的角色，比如被抛弃在森林里的小孩、遭到继母残忍虐待的小孩、得不到宠爱的小孩、感觉自己不被父母需要所以很多余的小孩、孤独的小孩。而且，童话里的孩子总是会打破各种禁令：他们总是打开各种不该打开的门，总是放着该走的路不走，不让他们去哪里，他们就肯定会去一探究竟。童话里讲述的其实都是跟孩子的日常生活密切相关的话题：被抛弃、被疏忽、缺乏关爱、孤独、反抗、恐惧，等等。关键的一点是，在童话中孩子们最终都会胜利！他们会战胜残忍的父母，打败恶毒的巫婆，消灭那些比他们强大很多的有威胁性的角色。因此，童话对孩子来说就是希望之光，能带给他们信心和勇气。从另一方面来说，童话里不只有儿童，还有大孩子、年轻人、中年人和老人。

跟随着童话里主人公的脚步，孩子可以对不同的生命阶段有所体验，提前了解将来可能会遇到的困难以及克服这些困难的方法。从这个意义上来说，童话其实是一套伴随我们成长的完整课程。

我们可能会发现孩子在某个特定的阶段特别偏爱某一个童话故

事，天天吵着要听这个故事，听了一遍又一遍，永远不会厌倦；相反，对其他故事则没什么兴趣。这并不是一种偶然的现象，这说明在当下的阶段，这个故事就是我们宝宝自己的故事，它讲的正是宝宝现阶段正在面临的问题。

5. 妈妈的声音非常重要

还有一个不容忽视的重要因素，那就是妈妈（或者当下阶段负责照顾孩子的其他人）的亲身陪伴。父母经常要么是没有陪在孩子身边，要么虽然人在孩子身边，但心思却不在孩子身上，比如在担心别的事情或在忙自己的事。唯有跟孩子一起游戏或给孩子讲故事的时候，父母才是全神贯注的，只有此时他们才是完完全全属于孩子的。尽管小家伙早就很了解故事的情节了，甚至已经熟能成诵了，但是倚靠在妈妈身边，听着妈妈的声音，看着妈妈的表情，这个故事就算再讲一百遍也听不厌。他会非常认真地观察正在给自己讲故事的妈妈，盯着她研究，不放过每一个细节。我觉得在没有外界打扰的情况下，就算是妈妈给孩子读的不是故事，而是黄页电话号码簿，孩子也一样能安稳地倾听，甚至会睡着，因为妈妈全身心的陪伴就足以带给孩子安全感，使小家伙获得内心的平静。当然说这话并不是要否定故事本身的价值，只是为了说明妈妈的重要性。

长大以后你们有试过让别人读故事给你们听吗？如果有的话，是不是有那么一个瞬间，又重新体会到了那种被某个声音温柔包围的感觉？你沉浸在这个甜蜜的声音中，跟随着它，坠入一个遥远的世界，越陷越深，越走越远……

然而不幸的是，由于如今信息的内容和形式变得越来越科技化、越来越理性和实际，我们正在慢慢丢掉讲故事的习惯。但是这样我们就忽略了一个现实：孩子毕竟只是孩子，他们不是缩小版的成年人，他们的小脑袋沉浸在一个象征化的世界里，象征化的意思就是用各种充满想象力的具体事物来代替特定的抽象意义。因此，当我们给孩子解释事情的时候，只能通过想象的画面来描述，这是他们唯一能听懂的方式。

童话故事是走进孩子的梦幻世界的最佳途径，如果大人不再给小孩讲故事了，那就等于放弃了这个机会，对孩子而言，这意味着我们剥夺了他们借助童话故事的启迪，来面对和解决烦恼问题的权利，因为童话故事其实是陪伴和帮助孩子健康成长的有用工具，准确地说是必不可少的一种工具。

第二章
应该给孩子讲哪些故事？

1. 经典童话故事

经典的童话故事无论什么时候都是正确的选择。为什么呢?

我们不妨先思考一下什么才是"经典"的童话。经典的童话,并不是指那些商业上最为成功的童话,而是在一代代的人们中传诵了成百上千年的故事,而且同一个故事,在世界上的很多国家往往流传着非常相似的版本。当这些故事还处在口耳相传的阶段时,没有人确切地知道某个故事是谁最先讲的,随着时间的推移,作者的名字早就完全遗失了。

人们常常会把童话故事的起源归功于当地的神灵或某个将自己的真知灼见传述给后代的"圣人"。考证这些经典童话故事的真实作者是不可能的事情了,但是从另一方面来说,如果这些故事已经完全渗透到了一个民族的文化中、成为这个民族共有的财富,那么再去研究它们当初出自哪位作者之口,又有什么意义呢?从历史的角度来看,这种将故事的起源归功于某个"神"的做法或许是不恰当的,但是这恰恰反映了这些想象出来的内容,如果能成功地在大众文化中传播和扎根,绝不可能仅仅来自某一个个体的主观创作,它们是超越个人的,是深深地植根于广大人民的智慧土壤之中的。

我的意思是说,那些在一代又一代中流传不息的"伟大故事",它们所反映的并不是作者的主观性,而是人类的共性,是关乎世界各地的、各个年代的所有"人类"的一些宏大主题。

例如,灰姑娘的故事,应该是在公元前9世纪第一次以书面的形式出现在古代中国的,但是在那之前,这个故事人们早就已经以口头的方式讲述了很久了。里面所提到的"小脚"这一元素,反映的正是东方对于女性的一种传统审美标准,为了追求这种美感,他们会给女孩子缠足,使她们的脚变得又小又尖。这显然不是西方的审美,西方文化对女性美的关注是集中在其他方面的。

但是这并不是问题的关键,这个故事所讨论的深层核心话题是兄弟姐妹之间的敌对与竞争,这无疑是一个不分国界和种族的话题。早在创世之初,该隐与亚伯[①]就已经认识到这一点了……

《格林童话》事实上并不是由格林兄弟撰写的,这一点兄弟二人自己也曾经明确地解释过,他们极其耐心地搜集了德国民间口耳

[①]根据《圣经》中创世记的说法,该隐与亚伯是亚当和夏娃所生下的两个儿子。该隐是农民,他的弟弟亚伯是一个牧羊人。该隐因嫉妒弟弟而把他杀害。

相传的传统故事和欧洲中世纪记载的童话故事，最终才整理编纂出了这套童话故事集。事实上，大部分的经典童话所讲述的都是一些孩子日常生活中可能会遇到的问题，比如被抛弃（如《糖果屋》里的汉泽尔与格莱特）、与妈妈（如白雪公主）或和兄弟姐妹（如灰姑娘）之间的敌对等，童话故事用孩子能直接听懂的语言，告诉孩子遇到这些问题的时候怎么做才是最恰当的方式。

2. 经典童话故事的叙事结构

经典童话故事最典型的特征是其三段式的情节：开端、危机出现与危机化解。这个努力找出问题的解决方案的过程，正是这些童话故事的价值所在。故事的开头往往会设定某个特定的情景，在这个设定之中，通常就已经隐藏着某些不和谐的因素，这些因素在之后的情景中逐渐展开，推动故事达到高潮。

"从前有个穷苦的农民，他有三个儿子……"如果童话开头提到了是个"穷苦"的农民，那么接下来的情节很可能要围绕谋求生计而展开，而且很有可能是由三个儿子来承担这一任务。

"从前有个老国王……"既然国王已经"年老"，那么故事很快就会讲到国王王位的继承问题。

"从前有个非常漂亮的公主……"如果故事以这个句子开头，我敢打赌接下来肯定要为公主挑选合适的驸马了。

童话故事的开头发挥的是引入的作用,向读者介绍故事里的主要人物、人物的关系以及他们之间可能会产生的问题。

在第二个阶段,即危机出现之时,这个"问题"逐步展开,而且往往带有戏剧性,这也是故事真正的核心内容。此时,我们清晰地看出故事的主角是谁,以及他或她所要攻克的难关是什么。

汉泽尔与格莱特的"问题"是在森林里迷了路,而且遇到了一个想把他们烤来吃掉的巫婆;灰姑娘的麻烦是在举行皇家舞会的时候被关在了厨房里;白雪公主先是被丢弃在森林中,孤零零一个人,后来又被毒死;小红帽和奶奶则是被大灰狼吞进了肚子里……

随后在第三阶段,故事接近尾声,主人公最终解决了问题、克服了困难、战胜了敌人,最后,"他们过上了幸福快乐的生活",这便是童话故事的典型结局。

这也正是童话故事所要传达的正能量:虽然我们会遇到问题和麻烦,但是最终一切都会解决的。

有时主人公单枪匹马,凭借自己的智慧、勇气或善良而战胜了困难,但是大多数情况下都会有盟友出现,他们互相帮助,走出困境。

"敌人"和"盟友"是童话故事里必不可少的两个角色:前者会给主人公制造麻烦,使其陷入困境;后者则会提供援助。前者受到"邪恶冲动"的驱使而做坏事,最常见的包括嫉妒、吃醋和贪婪;后者则出于"善良的情感"而出手相助,比如同情、慷慨、知恩图报。

有的家长认为不应该给孩子讲关于怪兽或巫婆的故事,以免吓到孩子。其实不然,孩子的恐惧是内心自发产生的,童话故事将这些恐惧映射到具体的对象上，并且教给孩子如何战胜它们。正因如此，这些故事的结局必须是圆满的。

童话故事中善恶分明，好人与坏人的界线非常明确；巫婆很难转变成善良的好人，仙女也从不会撒泼耍赖。

在现实生活中，光明与黑暗总是不可避免地交织在一起，但是童话故事里绝不会有模棱两可的人物设定；英雄总是勇往直前，从来不会害怕；坏人总是心狠手辣，从来不会有怜悯之心。虽然这并不符合现实，但却恰恰符合孩子的需要！

孩子完全依赖于父母，离开父母就无法生存。但是我们知道，现实生活中人无完人，我们每个人都既有好的一面，也或多或少有坏的一面，孩子在与我们的日常相处中对此也有所察觉。但是，小家伙们根本无法容忍，他们无法接受自己完全信赖的人竟然也有不好的一面。于是，他们把这些印象一分为二，分配给不同的角色，比如：好妈妈和坏妈妈，仙女和巫婆。

在童话故事里，妈妈们从来不会做任何"坏事"，做坏事的都是"继母"，而且，虽然继母很坏，但是她们对自己的亲生孩子也非常好。

童话里的"坏人"，实际上是孩子内心"负能量"的催化剂和发泄口，"好人"对应的是孩子内心的"正能量"，借助故事里"好人"险胜"坏人"的过程，孩子内心的负能量就得到了释放，而不至于被否定或压抑在心底。

跟我们每个人一样，孩子本身其实也同时具有各种矛盾的情感，有善良的一面，也有"邪恶"的一面。但是孩子对此同样无法容忍，他们无法接受自己是一个坏人，无法接受自己身上有消极的品质。因此，他们需要把这些消极的方面投射在其他角色身上。如果投射的对象是现实生活中的人，就很有可能引发一些问题。此时，创作一个想象的世界就显得非常有必要了。在虚拟的童话世界，借助敌人、对手和反派，所有这些破坏性的倾向都能找到具体的投射对象，从而得到释放；所以说，这些反面角色是童话故事中不可或缺的重要组成部分。

换句话说，在童话故事里，"坏人"一定存在，而且永远都会存在，是情节发展不可缺少的元素，只不过"坏人"们一次又一次地尝试，却一次又一次地不能得手，然后被"好人"打败了，最后……

"大家过上了幸福快乐的生活……"这正是童话故事所要传达给孩子的温柔安慰。

3. "遥远的古代"的故事并不过时

有人说，童话故事总是讲一些发生在遥远的古代的事情，比如王国、国王、王后、王子、公主，他们在现实生活中几乎已经不存在了，总是给孩子讲这些陈旧的内容会误导孩子。总而言之，持这种观点的家长认为，童话故事已经"过时"了。

这种想法事实上是大错特错的！孩子根本不了解所谓的现实社会是什么概念，这只是成年人眼中的世界。孩子其实是生活在他想象出来的"小王国"里，这个王国里有国王、王后、王子和公主，而且他们的地位和权力关系是非常明确的，几乎不容质疑。在孩子看来，几点钟上床睡觉这个问题不需要进行任何大规模的投票，是否应该刷牙的问题，也完全不必通过全民公决。

对孩子来说，把现实世界看作一个王国更接近他每天的生活，相反，如果我们告诉孩子我们所生活的社会是一个建立在工作基础上的民主共和国，那简直就是"对牛弹琴"！工作是什么呢？孩子对此根本没有任何概念，与其绞尽脑汁去理解面条是如何用谷物做出来的，谷物又是依据哪些复杂的欧盟法律种植的，小家伙们宁愿相信碗里的意大利面是用魔法变出来的，这对他们来说好理解得多。

而且不要忘了，孩子们的确是生活在一个满是"巨人"的世界，他们每天在巨人的长腿间穿行，有的还不如巨人的腿高，在他们眼里，我们成年人都是有魔力的超人和大力士。对于周围所发生的事情的来龙去脉，孩子们搞不清楚是怎么回事，但是他们却能准确地感知成年人细微的情绪波动。他们认为周围的物件也都是有生命的，因此他们天天和小椅子讲话，有时候从椅子上摔下来，就要责怪是小椅子故意让他们摔倒的。因果关系这类的逻辑对孩子来说还过于复杂，相反，用意愿、欲望、目标、困难、突如其来的危险这类具体的概念给孩子解释会容易得多，正如在童话中一样。

与经济社会有关的概念，童话故事同样是借用古老的事物来体现的，比如塑造穷苦的农民、国王、伐木工和裁缝等角色，至于现实生活中爸爸早出晚归，在这期间他具体是劈了些柴还是开了个营销会议，在孩子看来并不是那么重要。他们只是大体上知道爸爸不在家的这段时间，是去做一些与家庭生计有关或能给家里带来更多好东西的事情了，而这类事情童话故事中经常讲到。

还有一点我们容易忽视，童话中常常使用"从前……""很久很久以前……""在一个遥远的王国里……"这类的句子，将故事发生的时间和地点设定在离现实生活比较远的背景之下，这种设定还有另外一个好处，那就是将现实世界和想象拉开距离，从而营造更广阔的想象空间，去描绘矛盾、斗争以及各种戏剧化的情节，否则，这样的情节如果是能明确地对应到具体的现实生活，就会非常令人不安。让听众感觉自己和故事发生的时间和地点之间有一定的距离，是保证听众能安心地听故事的前提。在这一前提下，故事情节的发展才能够拥有更多的自由空间去深入探讨那些在现实生活中不敢触及的起伏过大、情感冲击力过强的内容。这种"置身事外的距离感"，正是童话能够生动而有效地展现深刻内容的原因之一。

4. 孩子最喜欢的童话故事

对父母来说，每天都要找到一个新故事给孩子听，可真是一件让人头疼的事。但是先不要着急，因为孩子会帮我们解决这个问题的：从某个时候开始，小家伙们就会开始对某一个童话故事情有独钟，一直要反复听同一个故事，其他故事对他来说好像失去了吸引力，唯独他喜欢的那一个却怎么听都听不厌。"还要听，妈妈再讲一遍，我还要听那个坏蛋龙的故事。"为什么会出现这种情况呢？

我们要知道，每个童话故事其实都是一个寓言，它用象征性的、代表性的语言，向孩子们传达某种特定的信息，告诉他们某个道理，教他们处理某个具体的问题。如果孩子特别喜欢其中一个故事，这说明很有可能在当下的阶段，这个故事里面涉及的正是孩子自己的问题，或者故事里一步步解决问题的情节，恰恰能满足孩子内心的需要，让他感到安心。

但是孩子是在不断地成长的，随着年龄的增长，其内心的冲突也会发生变化，因而需要不同的故事来治愈。因此，我们可能会看到孩子突然之间就不再喜欢听他之前最爱的故事了，而是把注意力完全转移到了另一个故事上。在这个过程中，我们最好的做法就是顺应孩子的脚步(虽然同一个故事讲到第三百遍的时候是让人有点抓狂，我们可能在心里忍不住想：又是这个该死的故事！)，因为这是我们尊重孩子的成长节奏、满足孩子要求的最好方式。

第三章

哪些故事不能讲给孩子听?

1. 结局不圆满的故事

一般来说，传统的童话故事都会遵循我们在上一章中所讲到的情节结构，即介绍性的引入，危机出现，最后圆满解决问题。但是在某些童话书中，尤其是那些收录了世界各地的童话故事的精美童话书中，有时候也包含一些结局不够圆满的故事，这些故事的主角最后根本没有过上"幸福快乐的生活"，而每个小听众都会不自觉地把自己想象成故事的主角，因此主角的悲惨结局会给他们带来很大的打击。

这种类型的童话故事对成年人来说也许非常有趣，因为我们早就已经明白生活中的事情并不总是能如我们所愿，而且更重要的是我们能够承受得了这种无奈，但是这些故事会让孩子感到非常不安，因此并不适合孩子听。所以，如果我们在童话书里看到了这种结局不够圆满的故事，最好跳过去，直接给孩子讲下一个。

下面我们就来看一个这样的故事。

男孩与鳝鱼的故事

从前有一个美丽的村庄，人们的生活非常富裕，但是不幸的是后来那里发生了战争。战争结束后，硝烟弥漫，这里成了废墟，村子里只有一个小男孩活了下来，他被遗忘在了一座小房子里，除了他之外，所有人都死了。

时间一天天过去，男孩逐渐长大了，几年过后，那间塌了一半的小破屋摇摇欲坠，马上就不能住了。有一天，男孩起床后去河边钓鱼。他看到小河流入大海的地方，有很多鳝鱼游来游去，于是，他迅速举起手里的箭，插中了其中一条。男孩拿起这条被插中的鳝鱼，把它埋在了一个湿润的卵石坑里，打算接下来每抓一条鱼，就把鱼放进去，这样最后就可以把它们全都拿出来一起带回家。但是这条鳝鱼很聪明，它用鳍轻轻地拨动卵石，轻而易举地就打开了一条通道，它顺着通道逃了出来，变成了一个美丽的女子。年轻人捕了好多鱼后，准备把石坑里的鱼都挖出来，他心想，卵石这么湿润，藏在卵石底下的鱼一定都还活蹦乱跳的。他挖出了所有的鱼，但是唯独找不到一开始抓到的那条鳝鱼。它去哪里了呢？年轻人非常震惊，他开始到处找这条鱼。他发现卵石上有湿润的痕迹，于是，他沿着这条痕迹，一直走到了一棵棕榈树旁，树下有一个少女，她倚靠着树干，非常漂亮。"你在找什么呀？"她问男孩。

"我在找我的鱼。"男孩说。

女孩突然笑了起来："我就是那条鳛鱼！你带我回家吧，我们在一起会非常幸福的！"

男孩有些害怕，想要逃走，但是女孩笑着拦住了他，并且牵起了他的手。

他们一起回到了男孩的小屋，女孩开始准备吃的。到了晚上，他们一起进屋睡觉。夜里男孩睡得非常香。

早上，女孩问男孩说："你想要一个好东西吗？""当然想要。"男孩半睡半醒地回答道。

女孩站起身来，张开双臂，说道："我现在闭上眼睛，当我再次睁开眼睛的时候，你就会看到有两座宽敞明亮的房子摆在面前。"突然，在他们的面前出现了一条宽阔的马路，路的尽头出现了一座圆屋顶的房子。在这座房子的面前又冒出来一座圆形的小屋，周围环绕着金色的稻草，很显然这一个是女孩的屋子。女孩再次闭上了眼睛，她拍了拍手，房子的周围立刻长满了郁郁葱葱的植物。这一切让人眼花缭乱，他们开心极了。从此，男孩和女孩幸福地生活在一起。

后来，"皮乐皮乐"狂欢节到了。此时当年贫穷的男孩已经变得非常富有，他身上装饰着昂贵的花朵，收到了一大堆精美的礼物。他高兴地跳着舞，不停地跳，一直跳到很晚。有个年轻的姑娘看到了他，然后朝他走来。姑娘故意接近他，跟他聊天、开玩笑，因为她也很喜欢他，想要把他占为己有。他们两个一边散步，一边说说笑笑，不知不觉来到了男孩家附近。男孩的妻子看见了自己的丈夫跟另外一个姑娘在一起，她很难过，心都要碎了。"你把别的女孩带回来了，"她说，"我要走了，我从哪里来的，就要回到哪里去了。"

男孩想要挽留自己的妻子，但是她起身就冲出了门外。男孩跟着她，请求她留下来，但是妻子不答应。她来到了当初男孩抓到她的地方，一头扎进了水里，男孩也跟着跳进了水里。他一路追着妻子来到了入海口，也就是河流汇入大海的地方。"永别了，"女子说，"我要走了。"然后就转身混入了一群鲻鱼之中，消失不见了；随后，就连她留下的最后一丝波纹也看不见了。

（来自大洋洲美拉尼西亚之新喀里多尼亚地区的童话故事，由杜塞·莱纳特·罗塞尔收集）

对于成年人来说，这个凄美的故事非常容易理解，因为它讲的是伴侣之间的忠诚和尊重的问题。但是这样的故事并不适合讲给孩子听。对孩子来说，那个拍拍手就能变出很多神奇的东西的人，绝对不是什么伴侣或幼儿园的小伙伴，而是自己的妈妈，在他们眼里妈妈就是这样一个无所不能的人，她会"魔法"，能在桌子上变出一盘美味的意大利面（虽然速度不像童话里的魔法师那么快），能把家里变得整齐，能让衣服变得干净；肚子疼的时候，她会变出一粒"神奇的药丸"，吃完以后肚子就不疼了，按理说，只要她想，她也完全可以让肚子再开始疼。

孩子成长的一个重要过程,就是逐渐脱离这个"全能"的母亲形象,发现自己的能力,并且不断地加以试验,确信自己能行,树立对自己的信心,最后获得身体和心理上的双重自主权。此时,孩子就会感觉自己"准备好了",自己也是成年人了,可以独立驾驭自己的人生了。只有到了这时候,他们才真正可以算得上"男人"或"女人"了,才能与伴侣建立起平等的关系。

我们上面讲到的这个故事,结局是不圆满的。男孩把另外一个女孩带回了家,这的确是不对的,但是这个错误没有得到弥补和修正。因此,它不像我们上一章所讲的经典童话故事一样,在"危机"出现后紧接着会有一个"弥补"的过程、解决问题的过程,虽然有时候这个过程可能一波三折。而《男孩与鲻鱼的故事》讲的完全是关于错误与惩罚的事,没有留下任何改正错误、解决矛盾的空间。

像这样的故事,我们不能讲给孩子听,因为它所传达给孩子的信息是:"如果你试图去做一些妈妈不喜欢做的事,那妈妈就会消失的!"在孩子能想到的事情中,还有什么比这更可怕呢?还有什么事情比这更不利于孩子勇敢尝试、学会独立呢?

2. 带有惩罚性的品德教育故事

以前,我们会把童话分成两类:一类是想象力丰富的童话故事,一类是有特定的"教育意义"的、发挥道德训诫作用的寓言故事。

有些作家为了使故事具有这种教育意义,把经典的童话故事进行了改编。比如法国作家夏尔·佩罗（Charles Perrault, 1628—1703）版本的《小红帽》，故事的结局是小红帽和奶奶都被大灰狼吃了，以此来警示女孩们不要被陌生人引诱。

这种结局传达给孩子的是什么样的信息呢？我们是要通过这样的故事，告诉孩子不能不听妈妈的话，在树林里采花采到太晚，也不能跟陌生人说话，不然就会发生悲剧？这样的故事到底有没有教育意义，恐怕有待商榷吧。

我不知道夏尔·佩罗有没有意识到他所做的改写会带来什么样的影响：《小红帽》的故事原来的结局是猎人最后把小红帽和奶奶从大灰狼的肚子里解救了出来，在这里猎人实际上是唯一一个正面的"男性"角色，与恶狼的负面角色形成对照，而且最后猎人战胜了恶狼，成功抵消其负面影响。

如果改掉结尾，去掉这个角色，会产生什么样的效果呢？是要告诉孩子男性角色（父亲的角色）是完全缺失的吗？还是要告诉他们所有的男人都是恶狼？

所谓的"有教育意义的"童话故事，往往有很多局限性。作者在创作的时候，本来应该是由潜意识驱使，自由地发挥自己的想象力，但是如果以实现故事的"教育功能"为目的，作者就会受意志支配，努力去证明自己的某个理论，整个故事的发展过程都被某个具体的目标所限制。但是不要忘了，"纸包不住火"，真实的意图往往欲盖弥彰。更何况，正如我们在前面所讲到的，作者本来有意传达给孩子的内容，与实际传达给孩子的信息很有可能是完全不一样的！

　　我小时候曾经看过一本可怕的童话书，幸运的是作者的名字我已经不记得了，我们这一辈年龄稍大点的人可能也都有点印象，书里有一幕是一个长得五大三粗的裁缝把小皮耶罗的两个大拇指剪了下来，顿时鲜血四溅，画面十分血腥……我甚至都不记得小男孩到底是做了什么事，无非是不剪指甲或不洗手之类的小事，竟然要受到这样的惩罚……而且接下来裁缝还把小男孩丢进了一个墨池里，拎出来的时候他浑身上下像炭一样黑。这就是作者想要传达给孩子的信息吗？现在我们周围可以看到很多有色人种，我们是要让孩子觉得，这些人的肤色比较深，是因为受过惩罚、被大裁缝浸到过墨水里吗？

　　不论是父母还是其他人，带孩子的人一定会给孩子树立特定的"行为准则"，包括规则、技能、社会要求等多个方面。

　　这是非常正常的，也是合理且实用的。但是我们这里要讨论的，是给孩子传达这些内容的具体方式。

　　我们通常会通过一系列的"奖惩制度"来规范孩子的行为，这种制度肯定非常有效，但是有时候却不见得一定是健康的。

　　我们给孩子的命令应该是明确的，而且是"技术性的"。什么意思呢？就是说我们不用动不动就用感情戏码或其他含糊的威胁来吓唬孩子。举个例子，我们不应该对孩子说"如果你不把玩具收拾好，我就不爱你了"，而是应该说"无论发生什么事我都是爱你的，但是如果你不把玩具收好，明天就不能玩了"。

我们传达给孩子的指令和规则应该是简单的、清晰的，不能威胁到我们和孩子感情的稳固。这些指令的目的非常明确，即告诉孩子一些实用的、之前不知道的必要信息，如果不遵守这些规则，确实会有潜在的危险。

我们难道真的只喜欢百依百顺的孩子吗？家长说什么孩子就做什么，这样我们才开心吗？如果真是这样，那就是我们自己有问题，而不是孩子！

我认识的一位牧师曾经说，他拒绝让12岁以下的孩子忏悔，因为他们不应该有"负罪感"，他们的行为都是完全"无罪"的。

孩子绝对不会因为自己有什么恶意的念头而把手指插进电源插座，也绝不会喝漂白剂自杀！初生牛犊不怕虎，小家伙们对世界的探索必然是无知而莽撞的，在一次次尝试、一次次犯错的过程中，他们才能有新的发现。保护孩子，并不意味着非要吓唬他、恐吓他，这会把他变成一个胆小鬼，感觉外面的世界到处都是威胁！

3. 距离我们太远的童话故事

最后要说的是那些离我们过于遥远的童话，这些故事虽然也很美，但是由于它们的背景与我们所处的社会和传统差异太大，以至于对孩子来说理解起来特别困难。当然这些故事本身可能是非常精彩的，只不过它们所涉及的风俗习惯跟我们的太不一样了，所以我们理解不了，无法理解其精彩之处。

总而言之就是我们没有接收到故事本身想要传达给我们的

信息。

虽然这些故事可能对成年人来说很有意思，但是对孩子来说作用不大，因为如果完全不了解故事中所发生的背景，对其中所涉及的文化传统一无所知，那么孩子就会凭借自己的想象，随意阐释故事想要表达的内容，反而会造成很深的误解。下面我们就来举一个类似的例子。

考图赛和沃纳拉的故事

从前，在卡乌（Caù）森林里生活着一个叫考图赛（Kotusei）的小女孩，她每天早上都会在黎明时分去找凡科瑞（Vancore），找到以后带回家做午饭。但是，有一天早上，她去得比平时都早，她在森林里遇到了年老的沃纳拉，沃纳拉问她："乌普拉（upula）几点开始唱歌？"小女孩感到很害怕，没敢说话。于是，沃纳拉把小女孩撕成了碎片，然后把她吃掉了。

（来自非洲加蓬国的童话故事，由迈克·弗雷泽（Mac rezer）收集）

直到现在我还不知道什么是凡科瑞，也找不到资料可以解释，我只能推测，如果它们必须要在黎明时分去采，说明这个要煮很长时间才能吃，或者出现的时间很短，又或者指的根本不是某种蔬菜，而是某种在黎明时分去林中喝水的动物。而且，在我看来，早上偶尔起早了一次也不是多严重的罪行，尤其是对生活在丛林中的人来说，那里想必应该是没有闹钟的吧！我也完全不知道这种叫乌普拉的东西几点钟会唱歌。最后，就算不知道这个问题的答案，我认为也没有严重到必须要把一个女孩撕碎啊！

总而言之，我根本理解不了这个故事的含义。但是我并不是在质疑这个故事本身有没有意义，我丝毫没有这样的意思。因为如果是把它放到特定的我不了解的文化背景之下，对那里的人来说，在某个时刻以前绝对不能去采凡科瑞，这肯定是非常重要的一条规则，关于乌普拉的习俗也是那里的人必须要了解的事情。

对某些着迷于来自遥远国度的童话的研究人员来说，或许研究这些童话的含义是一件非常有趣的事，但是对孩子来说呢？我觉得如果孩子听睡着了是很正常的，因为他们肯定是觉得无聊，但是这样一来，童话就失去了其真正的象征性意义，是一种浪费。

这就跟听音乐是一样的道理：对于资深的音乐研究者来说，复杂至极的印度音乐旋律可能会是听觉盛宴，给他们带来享受；但是对于刚刚开始接触音乐的人来说，他们的耳朵还不够灵敏，因此这些旋律对他们来说可能会是无聊至极的。

在这种情况下，音乐就无法拨动他们的心弦，不能引起他们情感上的共鸣。

同理，我们在给孩子（尤其是比较小的宝宝）讲故事的时候，应该优先选择跟我们有着同样文化根基的故事，等孩子长大一些，再带领他们去探索那些来自遥远国度的、具有异域风情的故事。

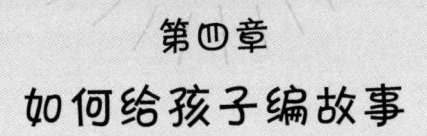

第四章
如何给孩子编故事

找不到合适的故事给孩子读了，给他们编故事怎么样呢？那当然最好不过了！

给孩子编故事往往比给他们读要有用得多，也好玩得多，对父母和孩子来说都是这样的。

我们在前面已经讲到，"经典童话故事"参照统一的原型、有着类似的叙事结构，对孩子的作用非常大。但是，这些故事与它们诞生的时代背景以及诞生地的文化背景密切相关，容易使孩子有距离感。

与传统的故事相比，自己即兴编的故事则更新颖、更切合实际。

1. 从"从前……"开始，充分发挥想象力

其实编故事比我们想象中要简单得多。跟所有的童话故事一样，

我们首先以"从前……"开头，营造一种时间上的距离感，从而为想象力留出"魔法空间"，让它在这片专属于它的领地上尽情发挥。然后我们可以"就地取材"，从脑子里最先浮现的对象开始讲起，然后就自由地畅想开去就行了。

其实发挥想象力并不是一件"被动的"、刻意的事，不需要绞尽脑汁，相比之下，它更像是一件"主动的"、顺其自然的事，只需要让内心的幻象自由浮现。意思就是说，我们只管打开想象的闸门，一幅幅画面便会从我们的脑海中自发地展现出来。

不要说自己"没有想象力"，这是不可能的，因为想象力是我们每个人生来就有的能力，是人类的一种本能。

只不过我们往往害怕自己会说出什么不太得体的事情，不能随心所欲地把脑子里想的事情全部说出来，因而主动去切断想象的河流，只有在这种情况下，我们想象力的发挥才会受限。

相反，如果我们习惯了任由想象力自由驰骋，编故事这种事情就会变得简单、自然得多。

2. 编"以教育为目的的童话"要格外慎重

有一点非常重要，那就是成年人在尽情发挥想象力给孩子编故事的同时，一定要注意不要"目的不纯"，企图借此机会，实现教育、教学或道德教化的目标。

那些所谓的以教育孩子为目的的童话故事也是一样，它们百害而无一利。如果你们实在忍不住，一定要让故事带上教学意义，那这样的故事最好还是不要给可怜的小家伙讲了，想哄他们睡觉的话，还不如直接给他们喝个菊花茶得了！

我这里所说的"以教育为目的的童话"，显然指的是那些通过吓唬孩子而阻止他们去做某件事的故事，有些故事虽然也有"教育功能"，但却是非常优秀的作品，因为它们并不是单纯地为了说教，而是借助童话更好地跟孩子解释某个问题，一起探索可能的解决方案，比如叙事文学作家、心理理疗师阿尔巴·马可丽（Alba Marcoli）在《生气的孩子》一书中所讲的故事就是这样。这类童话都是心理学家专门为孩子创作的，他们针对相关的主题进行了精心的研究和思考，所以故事的内容都很考究，会带领孩子去寻求解决方案，最后以问题的化解而结尾。

对于即兴创作的家长或老师来说，最安全的方式就是展开想象的翅膀，自由发挥，直到故事最后"大家过上了幸福快乐的生活"，至于其他的目的，最好还是不要考虑了。

3. 父母如何通过借助想象来创作及解决问题

即兴创作童话的人，实际上是在讲述自己的故事，包括自己的问题、遇到的困难、精神的创伤、内心的冲突与痛苦，等等。

正如一件艺术品，或者一幅画、一首曲子，你所创作的作品代表的就是你自己，里面处处都是你自己的影子。

我们完全不用担心这些内心的消极思想可能会伤害到孩子，因为我们的孩子"早就知道"。

我们所有的人其实都是强大的信息发射器和接收器，在潜意识层面，这种接收信息和发射信息的过程是持续不断地进行着的。

我们的内心与外界交流的渠道有很多很多种，语言只是其中一种，我们能意识到的也只是其中一小部分。

儿童不像成年人那么"程式化"，他们比我们更敏感，接受信息的能力更强。

因此，小家伙们虽然不会说话，但是在非语言的、潜意识的层面上，他们清楚地"知道"自己的爸爸和妈妈（以及经常见到的那些人）"是谁"、这些人感觉如何、情绪如何，等等。

如果我们用逻辑和理性的方式给孩子解释我们的情绪，他们完全理解不了，尤其是年龄比较小的孩子，但是如果我们换一种方式，采用具体的画面来描述这些情绪，那么小家伙们理解起来几乎毫不费力。

我的意思是，比如爸爸晚上蓬头垢面地回到家，心情非常低落，他跟三岁的儿子解释说"因为我没有涨工资，而且整个市场情况都下滑了"，小家伙肯定一头雾水。但是如果爸爸换一种方式，给孩子编一个故事，那么在讲述的过程中，他白天在工作上遇到的这些烦恼都会以画面的形式不自觉地透露出来，这对于小朋友来说是非常好理解的，比如，他可以说"……国王被恶龙囚禁起来了，然后……"

将自己的愤怒转换成想象出来的具体画面，对爸爸来说肯定是有好处的，更重要的是，通过这种编故事的"游戏"，他还能找到某种解决方式，虽然完全是想象出来的，但是也可以在一定程度上化解其内心的冲突，与此同时，还能与孩子进行一次真实的交流，深入地"聊一聊"关于自己的事情。

下面我们就来看一个例子。

从前，有一位公主，她落入了恶毒的巫师手里，被囚禁了起来。巫师强迫公主做他的仆人，照顾他，给他做晚饭，打扫卫生，使城堡里的每个房间都保持整洁。公主很伤心，她每天都在哭，但是她的泪水根本不会打动狠心的恶毒巫师，因为他一点都不爱她，只会凶狠地骂她。每天早上巫师出门以后都会把城堡的大铁门锁起来，然后大声讥讽道："你要乖乖待在家里，听见了吗！"说的好像公主还有其他选择似的，她不乖乖待着，还能怎么样呢？！公主天天以泪洗面，但是却找不到任何的出路。

她唯一的安慰就是她的小猫，她会跟小猫倾诉自己所有的痛苦。

小猫很想帮助她，可是城堡的大门这么大，这么重，而它这么弱小，能做点什么呢？因此，小猫看着公主每天都这么伤心，它自己也很难过。

直到有一天，有一只小老鼠从厨房里的小洞里钻了进来。我们都知道，猫可不怎么喜欢老鼠，但是这只老鼠非常特别，它是一只会说话的老鼠，它对公主的小猫说："不要赶我走，求你了！我不是来打扰你们的，我是来帮助你们的！是森林仙女派我来的，你把我带回去见你的主人吧，我会证明我没有撒谎的。"

小猫有些犹豫，但最后还是决定带着小老鼠去见公主，城堡里空荡荡的，它们穿过一个又一个大厅，一直来到城堡最上层的一个小房间，公主就睡在这里，每天这个时候，她都躲在房间里流泪。她看到小老鼠，吓得尖叫了一声（一般来说公主们也不太喜欢老鼠），但是听到这只老鼠会说话，她就放松下来了，小老鼠跟公主解释说，是森林仙女派它来救他们的。

"我们这样吧，"小老鼠说，"等巫师睡熟的时候，我就偷偷地溜到他枕头底下去，因为他会把城堡的钥匙串在一起，全都藏在枕头下面，我去把钥匙偷出来。我的牙齿很锋利，一定可以把串钥匙的绳子咬断的，你们等着瞧吧！公主你呢，一定不要出声，你需要悄悄地从床上溜出来，小心不要吵醒坏巫师，等你出来，我们就一起逃走。"

"那我呢？"小猫立刻担心地问。

"你肯定是跟我们一伙儿的啊，小傻瓜！"小老鼠回答道。"公主肯定不会把你一个人丢下的，这你是知道的呀！森林仙女也在等着你呢！"听到小老鼠这么讲，小猫就放心了。他们都同意这个计划，决定就这样按计划实施。

那天夜里，小老鼠成功拿到了钥匙，他们打开了城堡沉重的大门，一起逃跑了……

大人讲故事

小老鼠带领着公主和小猫穿过森林,来到森林仙女的身边,仙女为他们举办了一个盛大的派对。从此以后,仙女便负责保护他们。最后,他们安顿了下来,过上了幸福快乐的生活。

我们可以从多种不同的层次对这个故事进行解读,心理学家甚至能写出一篇专题论文,但是在这里我只着重介绍一下即兴创作这个故事的作者的信息。作者实际上是一位非常年轻的妈妈,某天晚上,她即兴给4岁的儿子编了这个故事。

这位妈妈嫁给她丈夫的时候差不多还是个小女孩,她是在父母的强迫下结婚的,因为当时她怀孕了。

她的丈夫比她稍微年长几岁,但是后来女孩发现他根本是一个非常糟糕的对象,他几乎把女孩当成了自己的仆人,对她没有半点尊重,也没有丝毫爱意。

莫妮卡(我们姑且这样称呼现实故事的主人公)忍无可忍,但是却看不到有任何可以逃离当下生活的出路,因为她生活在一个落后的小村镇,她自己没有经济能力养活儿子,如果提出要跟丈夫离婚,她自己的原生家庭和周围的舆论肯定都不能接受。走投无路的莫妮卡陷入了相当严重的抑郁之中。

她展开想象的翅膀,借助被囚禁在城堡中的公主的故事,再现了自己在现实生活中的境遇。

在她所讲述的这个故事中,主人公是一位公主,而不是一位女王,从深层的含义上来说,这实际上是在暗示"婚礼的缺失",而且女孩尚未成熟，也没有真正的爱情伴侣。

丈夫对应的则是故事里的坏巫师，这个人物代表的是类似父亲的、限制自由的负面角色，而不是新郎或伴侣。

小猫很显然代表的是莫妮卡年幼的儿子，他不是父母爱情的结晶，更像是与妈妈共患难的、手无寸铁的同伴。

而小老鼠的原型在现实生活中是莫妮卡的一位表弟，在了解到莫妮卡家中的情况之后，他告诉莫妮卡可以求助于某个大城市的妇女接待中心，莫妮卡遵循了他的建议，从这个机构那里获得了帮助，虽然她的问题非常麻烦，但最终还是找到了解决方案。

现在让我们再回过头来，根据这个故事，分析一下给孩子编故事的意义。很显然，莫妮卡的儿子虽然年龄很小，但是他肯定也会看到妈妈每天都在哭泣，看到自己父亲的粗鲁，会感受到父爱的缺失，也会感受到自己的无能为力。

这样一种情形，我们用"奉子成婚""女性的工作市场""保护年轻母亲的机构"这类术语很难给孩子解释得清楚，但是如果借用童话的语言，这些情况对孩子来说理解起来完全没有问题。

对妈妈来说，这种方式可以帮助她表达自己内心的情绪，在想象的世界中找到一个成功的解决方案，虽然当时在现实中她才刚刚开始看到一点希望，确切的计划还没有成型。

在创作完这一系列的童话之后（实际上这位母亲并不是一气呵成地讲出了一个完整的故事，她创作过一系列的故事，在创作的过程中不断地寻找解决方案，我们上面所看到的是最终的版本），这位年轻的姑娘也从严重的抑郁状态中走了出来，开始寻找切实可行的解决办法。

这个故事给主人公的儿子带来的好处就更毋庸置疑了，首先它把希望传达给了孩子，同时，它还帮助孩子摆脱负罪感，因为在童话故事中，小猫虽然没有解决问题，但是它也绝不是问题的制造者。

关于这个精彩的童话，我们可以说的内容还有很多很多，但是在这里我就不再展开了，我只想简单地把它看作是一个借助想象来创作、来解决问题的例子。

要点回顾

·讲故事。童话是我们走进孩子内心世界的最好途径。

·问题与解决方案。童话教给孩子如何面对问题并且创造性地解决问题。

·成年人的陪伴。大人陪在孩子身边给他讲故事能让孩子感到无比安心。

·经典童话故事。一般来说选择经典的童话故事总不会出错，因为这些故事遵循"引入—危机—成功解决问题"的叙事结构。

·童话里的坏人。不用担心童话里的巫婆和妖怪会吓到孩子：这些坏人的角色能帮助孩子把内心黑暗的部分投射到具体的对象上，只要最后好人战胜坏人就可以了。

·孩子最喜欢的故事。只要孩子要求，就要给他讲他最喜欢的那个故事，因为这个故事肯定是正好契合他当下正在面对的某个问题。

·圆满的结尾。给孩子讲的故事一定要有一个圆满的结局。那些结局不好的故事千万不要给他们讲。

·杜绝带有惩罚性质的说教式童话。不要给孩子讲带有惩罚性质的说教式童话。这类故事绝对有害无益。

·文化。给孩子讲那些与你们有着相同文化背景的故事。过于有异国情调的故事孩子是理解不了的。

·展开想象的翅膀。给孩子编故事的时候，要展开想象的翅膀，唯一的目标就是最后达成一个圆满的结局，除此之外不要带有任何特定的目的。

孩子讲故事

第一章

如何跟孩子一起编故事

1. 和孩子一起玩即兴编故事的游戏

开始的时候，孩子需要听很多的童话故事——无论是读给他们听的还是我们临时给他们编的——才能领会到这些故事共有的叙事结构。所有童话故事的逻辑思路非常固定。俄罗斯学者弗拉基米尔·普罗普（Vladimir J. Propp）对此曾做过深入的研究，在其论述童话结构的重要著作中（20世纪初期），曾经精准地罗列出经典童话故事中反复出现的元素以及这些元素所有可能的组合。

我们虽然没有这么专业，但是只要浏览若干童话故事，我们也能很容易地发现，这些故事没有一个是条理不清的或是过于跳跃的，不论故事的内容多么奇幻、多么异想天开，但是故事中出现的每个元素都是有根据的，与其他元素的关系都非常明确。

拿到一个童话故事，我们很快就能辨认出哪个是"主角"，哪个是"大反派",哪些是主角的"盟友"(或"协助者")以及主人公们要完成的任务或要解决的问题等。童话故事的结构独特,情节的发展很有特色,不同角色之间的关系始终非常明确,这种特殊的设定正是童话与其他题材的叙述性作品的区别。一开始的时候孩子还没有掌握这种结构特征,他们需要不断听故事积累经验,不知不觉地就能对这种结构有所领悟,这个过程中我们不需要给孩子解释抽象的概念,只需要讲故事给他们听就行了,因为这些故事的内容虽然多种多样,但是都具有这一典型的叙事结构。

当孩子领悟到童话故事的这种特征之后,他们在听故事的时候就会下意识地"期待"特定情节的出现。此时,我们和孩子就等于是都明确地知道游戏的规则了。这样一来,跟孩子一起编故事就会成为一个非常好玩、非常有创意的游戏。

我们最好让孩子来开头,让小家伙自己选定要加进故事里的元素和各个元素之间的关系,即让孩子想象一些人物,以这些人物为基础,编出故事开头部分的情节。我们在第一章中曾经讲到,童话的典型特征是三段式的叙事结构,包括人物介绍引入、危机、成功化解危机。因此,我们可以把第一部分的任务交给孩子,让他自己引入自己感兴趣的、想要进一步探索的话题:"从前……"

这种游戏特别好玩,很有创造性,也很能让孩子安心,而且对成年人来说难度也不大,完全可以应付得了。

孩子们喜欢给大人设计一些麻烦,然后观察我们是如何克服困难、走出困境的。这并不是轻微虐待狂的症状,只不过是孩子的一种正常心理需要,当他们看到大人无论遇到什么难题都知道怎么去处理,他们就会感到很安心。他们之所以想要用童话里的困难"测试"我们,其实是想要确定,那些在现实生活中教他们生活技能、陪伴他们成长的大人确实是合格的领路人,有足够的能力带领他们走出困境。在学习的过程中,榜样的力量要比空泛的说教好得多。童话给我们提供了一个跟孩子进行各种象征性的游戏的场地,在这里,我们很容易放飞想象力,充分调动自己的创意思维。与此同时我们也"以身作则",教会孩子如何充分开发和利用这种能力。

2. 如何化解故事里的危机?

如果故事里面出现了"被囚禁的公主""无法完成的艰巨任务""恶毒的巫婆"这类内容时,我们可以安排父母和老师向主人公伸出援手!

在编故事时,如果我们需要打破僵局和化解矛盾,最简单的方法就是加入一个新的元素或一个新的人物,来充当"协助者"的角色;问题的难度越大,这个新"助手"的能力和"法力"也就相应地要更强。

如果需要解决的问题比较简单,我们就应该选择激发主角本人的潜力,比如智慧、计谋或勇气等。这样做的目的,是希望告诉孩子:"努力吧孩子!你一定可以战胜困难的!"

相反,如果主人公遇到的问题显然超出了人类能力的范围,这时候我们就需要给他安排一个"有法力的盟友"了。这位协助者或盟友可以是一个有特殊超能力的人，可以是一个动物（动物在童话中出现的频率非常高），也可以是某种能帮助主人公完成关键步骤从而取得最后胜利的有魔力的物件。故事中这些助手的出现并不是没有缘由的，一般来说，要么是因为主人公先前曾经对他们做出过善举，要么是被主人公征服了，或者主人公主动去寻求他们的援助了，也有时仅仅是因为主人公的状况极其危急，确实需要帮助。

此时我们想要告诉孩子的是："不要害怕，如果你自己做不到，在恰当的时候会有人来帮助你的。"通过这些以想象为基础的游戏，我们可以向孩子传达一系列重要的信息，不仅让孩子对自己有信心、相信自己的能力，还可以让孩子对这个世界有信心，相信世界的本源是"善良"的。

下面我们一起来看一下经典童话作品中，危机是如何一步步化解的。

在《糖果屋》中，危机的化解靠的完全是汉泽尔和格莱特这对双胞胎兄妹的聪明才智。当听说爸妈要把他们丢在森林中时，是汉泽尔想出了沿途不断地丢下小石子的主意，最后才得以找到回家的路。当巫婆想把汉泽尔养胖然后把他吃掉时，他又想了一个主意，每次巫婆让他把手伸出来看看有没有长胖，他都拿一块小鸡骨头给巫婆摸，让巫婆以为自己还不够胖，从而成功拖延了被吃掉的时间。格莱特呢？她也很聪明，当巫婆让她钻进烤箱里去看看火好了没有时，她识破了巫婆的诡计，想办法骗巫婆自己钻进了烤箱，使自己和哥哥重新获得了自由。在故事的最后一部分，兄妹两个遇到一条河挡住了他们回家的路,格莱特想到可以让鸭子载自己和哥哥过河,而且她心思非常细腻,还想到如果自己和哥哥一起坐在鸭子身上,一定太重了,所以要一个一个地过去。在这个童话故事中,虽然对手非常强大,但是主人公还是靠自己的能力解决了问题,除了《糖果屋》,很多其他的经典童话采取的也是这种叙事模式。

在《灰姑娘》的故事中,灰姑娘必须得在"仙女"或"有魔力的许愿树"(有的版本中是前者,有的版本中是后者)的帮助下才能得到适合参加王子的舞会的礼服和马车。虽然这个故事有多个版本,无论在哪个版本中,灰姑娘在得到帮助之前都曾经竭尽全力争取得到去参加舞会的许可,但是最后她所有的努力都化为泡影,因为无论她怎么做,继母的答案永远都是"不可以"。因此,在这种情况下必须要有一个类似神力的超强干预的出现才能打破僵局。这种情况在很多经典童话故事中都经常出现,当主人公用尽了所有的方法、耗尽了所有的资源之后,发现还是无济于事,这时候"盟友"就该登场了。

在《白雪公主》的故事中,首先是善良的猎人没有忍心按照继母的要求杀死白雪公主,后来公主被毒苹果毒死之后,又出现了一位王子,帮助公主起死回生。王子在很多的童话中扮演的都是女孩的救星!这是非常常见的一种情节设定。

我们可以看到在《睡美人》中,也是王子的吻唤醒了沉睡了一百多年的女主人公。

但是如果王子遇到麻烦,是谁来解救他呢?

现在我再讲一些孩子和父母即兴编的故事。

一开始尝试编故事的时候,我们更多地是模仿经典的童话故事,故事的情节也跟经典童话非常相似;但是随着游戏的深入,故事中的问题和解决方式都会变得越来越新颖,寓意也越来越深。当我们和孩子熟悉了"游戏规则"之后,双方在编故事时都会迸发出更多的创意。

故事一:

孩子:从前有一个小男孩,他的父母非常非常穷,所以他们把他丢在了森林里,而且是森林的最里面,大树最茂密的地方。当天黑了以后,小男孩迷路了,他不知道该怎么办……

(这个故事其实跟《糖果屋》讲的是同一个话题,只不过在这个故事中小男孩是独自一个人,没有妹妹,而且也没有通过扔小石子来标记回家的路。)

妈妈:小男孩一个人在森林里感到非常绝望……当他看到远处有灯光时,就立刻朝着灯的方向走过去。灯光是从一个小房子里传出来的,小男孩来到门口,敲了敲门。一位老婆婆打开了门,她问小男孩:

"亲爱的孩子,天都黑了,你一个人在这里干什么呀?""我在森林里迷路了!"小男孩回答说。于是老婆婆就让他进了屋,还给了他吃的,让他恢复了体力。就这样过了好几天,老婆婆一直给小男孩提供食物和床铺,一切看起来都很平静。

然而，这个老婆婆其实是一个喜欢吃小孩的恶毒巫婆，她还没有杀死这个小男孩，是因为她想先把他养胖，然后烤来吃掉。有一天晚上，小男孩睡醒一觉，听到外面传来奇怪的声音，他很好奇，决定起床去看看是怎么回事。他从门缝里看到巫婆正在她的房间里练习法术！巫婆有一个很大的魔法棒，她对魔法棒说："去给我拿蛇尾巴！去给我拿蜥蜴皮！"魔法棒乖乖地把巫婆要的东西都拿过来，把她当成一个贵妇人一样伺候着。小男孩默默地回到床上继续睡觉，但是现在他心里已经知道这个老女人是个巫婆了。

终于有一天，巫婆决定把小男孩吃掉。巫婆对小男孩说："你去树林里砍一些柴回来，我今天想烤野猪吃。""那野猪在哪里呢？"小男孩问。"你会看到的，你会看到的……"巫婆回答说。于是，小男孩去树林里砍柴了。他回来以后，巫婆又命令他说："你去地窖里拿点油，我今天要烤野猪吃。""可是野猪在哪里呢？"小男孩问。"你会看到的，你会看到的……"巫婆还是这样回答。但是现在小男孩已经明白了，巫婆其实要烤来吃的不是野猪，而是自己。于是，小男孩假装听话，他拿来了油，点燃了火，准备好了串肉的签子，但是当巫婆突然冲到他的面前想抓起他扔进火里时，小男孩马上反应过来了，而且他动作比巫婆更快，成功地把巫婆扔进了火里。

之后，小男孩拿了巫婆的魔法棒，让魔法棒变出他想要的东西："给我吃的！给我喝的！"魔法棒一一照做了，这样一来，小男孩就可以随心所欲地环游世界，再也不用担心会渴会饿的问题了。小男孩长大以后，找了个喜欢的地方安顿了下来，从此以后一直过着幸福快乐的生活。

在这个故事中，孩子模仿自己熟悉的《糖果屋》中的情节讲出了开头，虽然人物有所改动，但主题是相同的；妈妈在续讲故事的时候，也同样借用了《糖果屋》中的解决方案（吃人的巫婆被烧死了，生存的问题靠魔法解决了），同时也有人物的改动。

故事二：

孩子：从前有一位公主，她要选一个人跟她结婚，但是她跟所有来求婚的人都会提出一些难以完成的要求，如果他们没有做到，公主就会把他们的头砍下来。有一天来了一位王子，他想要试试看。"你去把龙头砍下来献给我！"公主命令他说。王子马上就去找龙了。但是这条龙很坏，它已经把前面来过的所有人都烧死了……

父母：……王子朝着住着坏龙的山走去，在路上，他碰见了一位老奶奶，她背着一大捆柴，看起来非常重，走得很吃力，王子心地善良，他很心疼老奶奶，于是决定帮助她把柴草背回家去。当他们到了老奶奶的家后，老奶奶对他说："我知道你要去哪里。在你之前，我早就看到过很多人去同样的地方了，可是他们都没有回来。但是看在你刚才帮助了我的分上，我想帮你这个忙。来，你拿着这根细针，"她把针递给王子，接着说道，"你尽管勇敢地去跟恶龙搏斗吧，但是当它靠你足够近的时候，你就用这根针扎它，刺中了它就会中毒死掉的。"

王子按照老奶奶说的，来到了恶龙住的地方。他们开始激烈地打斗。恶龙实在是厉害得很，但是当它离王子很近，想要喷火烧死他时，王子拿针刺中了它，恶龙立刻倒地死掉了。于是，王子砍下了它的脑袋，带着去见公主了。公主非常惊讶，她被王子的勇敢打动了，于是马上答应了嫁给王子。从此，两个人过上了幸福快乐的生活。

这个故事同样也是借鉴经典童话故事改编而成的，公主考验来求婚的人，这是一个非常经典的情节（这种筛选更有利于种族延续的男性的做法是一种古老的传统，在动物界十分普遍）。父母在编故事的时候则引入了"会魔法的盟友"（老奶奶和毒针），而且是被主人公的善良所打动，决定出手相助，这同样也是经典故事中常见的模式。

3. 如何角色互换，让孩子续讲故事

当孩子稍微长大一些、对编故事的游戏比较熟悉之后，我们可以和孩子进行角色互换，即我们来讲开头的部分，让孩子继续编下去。这种做法一方面表明孩子对问题的解决机制已经有了全面的了解，另一方面还可以带给孩子成就感，让小家伙们感觉自己能独立

地编故事了。

因此，这种角色分配不适合跟太小的孩子玩，也不适合跟年龄虽然比较大，但是不经常练习编故事的孩子玩，因为把续讲故事的任务交给这些孩子的话，会让他们感到非常焦虑，感觉自己仿佛被扔进了一个陷阱，找不到出口。虽然故事是想象出来的，是虚构的，但感觉却是真实的。相反，对那些之前已经练习过"编故事的游戏"的孩子，这种"进阶版"的练习是非常好的。如果孩子能顺利地续编由别人起头的童话，表明小家伙们的脑袋中已经形成了稳定的思路和联系，有能力想办法去化解危机了。这对孩子来说是一种宝贵的"思维财富"，日后不论面对多么不一样的问题，孩子也可以利用这一财富，去寻求解决方案。

角色互换以后，成年人要先开始讲出故事的开头，制定"游戏"的规则，引入主要的人物。在这种情况下，我们也建议先从对经典童话的模仿开始，尽量选取孩子已经非常熟悉的一些角色来编新的故事，比如王子、公主、国王、王后、小孩、总是不能得逞的恶魔等。等孩子慢慢地熟悉了这个游戏以后，我们再放飞想象，引入原创性更强的人物。但是在一开始的时候我们还是不要冒这个险，因为如果我们所选取的是孩子平时在故事里没有听到过的陌生角色，很有可能会让孩子摸不到头脑，无法在第一时间把这些人物归入他们所熟悉的"好人/坏人""英雄/敌人"这种分类认知框架中。此外，经典角色的基本特征我们最好也不要随意改动，比如妈妈要是好人，只有后妈或巫婆才是恶毒的；主角无论是谁，肯定会满怀善意；只有反面角色才会有负面的情感。这样做并不是为了给孩子灌输刻板的道德伦理，而是因为孩子还是一张白纸，他们什么都还不懂，什么都要学习，所以一开始的时候，他们需要确切而固定的参考标准。混乱无序的东西并不能带给孩子有利的刺激，只会让孩子感到过于焦虑，而且很容易造成孩子想象力的枯竭。

我们成年人都知道没有绝对的好人，也没有绝对的坏人，这个世界根本不是非黑即白的，而是混乱的、复杂的，是由各种颜色的交错和渐变构成的。但是孩子的人生才刚刚开始，他们还有大把的时间可以明白这个道理。这种"相对性"思维并不适合处于发育初期的小孩。在起步阶段，小家伙们首先需要接触的是最简单的元素，然后研究这些基本元素的组合形式，我们提供给他们的事物最好是稳定且明确的。这就是为什么我们上学的时候先学的是乘法表，而不是对数啊！

有时候我们成年人可能意识不到，每天把从现实生活中接收的信息整理清楚，并且赋予各种信息以意义，这对孩子来说是多么艰巨的一项工作。他们要以错综复杂的感官体验为基础，首先区分清楚不同的体验，然后破解每种感觉分别代表着什么意义，之后要学习各种信息之间的因果关系，再之后还要学会如何针对各种信号主动做出反应。

我们成年人对此早已习以为常，我们甚至都不记得我们曾经进行过这样一个过程。但是事实上宇宙并不是井然有序地展现在我们面前的，是我们自己理出了秩序，赋予了一切以意义，这种意义虽然仍然有待探讨，但是我们每个人却不得不去了解和学习它，因为只有这样我们才能步入社会，开启人生之路。

举个例子，有一些出生的时候眼睛就看不见的人，他们长大成年以后，虽然通过手术获得了光明，但是他们却会"主动放弃"使用这种新获得的视觉功能，这是因为他们需要经过一个非常艰辛的过程，才能学会如何赋予眼前这令人眼花缭乱的各色光影以具体的意义。而这正是每个正常的孩子每天都要经历的事情，而且他们不仅要处理视觉信息，还要处理各种声音和触觉、味觉、嗅觉等信息。

我们在讲如何和孩子编故事的时候，显然指的是已经完成了上述感官信息处理过程、已经掌握了语言技能、正在学习如何在头脑中建立起思维"地图"的孩子。这时候我们最好不要给他们灌输过于复杂或含糊的含义，因为现阶段他们所需要的并不是这些，我们就不要刻意为难他们了。

现在我们回到跟孩子一起编童话的问题上，之前我们说到由成人开头，然后由孩子续讲并结尾，在具体操作的时候，我们先要引入各个因素（这是第一阶段），第二步要做的就是提出问题。在经典童话中，这个问题的提出也是有相对比较固定的模式的：主人公们总是在努力追求某种东西。虽然童话故事的具体内容有很多种变体，但是每个故事中都会涉及一个明确的目标。

有的故事中，主人公的目标纯粹是摆脱危险（自己摆脱巫婆的囚笼或是把某个角色从巫婆的魔掌中解救出来，然后找到回家的路），有的故事中则是获得基本的谋生手段，也有的是找到合适的新郎或新娘，或者登上王位，等等。

童话故事中的"考验"本身绝不是故事的最终目的，而是通往目的地的必由之路，是达成目标的途径。故事的目标，我们要在第二阶段清楚地展现出来。我们要指明主人公最终要达成什么样的目标，他们要拿到什么或实现什么。这一阶段我们还必须得明确地讲述主人公所需要克服的困难是什么。在童话故事中，事情的发展绝对不会是一帆风顺的！不经历困难，是肯定不能达成目标的。

当完成了这两个步骤，即确定了故事的目标和为了实现目标所需要克服的障碍之后，我们就可以把故事剩下的部分交给孩子去完成了。

如果孩子已经比较好地领会了童话故事中解决问题的一贯思路，那么他将很快就能为故事编出一个圆满的结局。

正如我们前面所讲到的，童话故事中危机的化解要么是依靠主人公的聪明才智，要么是借助盟友的神奇力量。因此，当孩子刚开始尝试续讲故事结局时，我们可以依据这两个方面，稍微给孩子一点提示。

我们不必直接让盟友亮相，明确地讲出哪些人来帮助主人公了，因为这样就没有任何悬念了，会极大地降低孩子自己去寻求解决方案的兴趣，但是我们可以埋下一些伏笔，在故事中提前加入一些提示性的元素。

举个例子来说，我们已经看到盟友的出现往往有个前提，那就是主人公曾经善良地帮助过他。因此，我们在讲述前半部分故事时，完全可以加入这类的情节，为后文埋下伏笔，这样我们虽然没有明确地告诉续讲故事的孩子危机最后如何才能化解，但是却给他们留下了一些线索和暗示，提示他们事情可能的发展方向。当孩子年龄再大一些，或者是对这种编故事的游戏更熟悉一些之后，我们就可以在讲到故事的危急关头时，放心地交给孩子，让他们完全凭借自己的想象力去设计解决方案，为故事画上圆满的句号。

下面我们来看几个由父母开头、由孩子续编的故事。

大人：从前有一位美丽的公主，她很想找到一位如意郎君，但是总是找不到合适的人选。她发布过很多次布告，组织过很多次比赛，想要从报名的人中选出自己满意的王子，然而，来的人要么太高，要么太矮，要么太胖，要么太瘦，要么太高傲，要么太胆小……总之没有一个合适的。时间一天天过去了，公主自己也开始泄气了，她感到很沮丧。但是她也不想随便找一个人来将就，因为她一心只想找到自己心目中的王子。

有一天晚上，公主哭了很长时间，祈祷了很多次之后，终于睡着了。在梦里，她遇到了一位看起来很善良也很有智慧的老婆婆。老婆婆对公主说："知道你为什么找不到你的如意郎君吗？因为他被施了魔咒！有一个恶毒的巫婆把他变成了森林里的一棵大树，所以他不能来找你。只有你能去把他救出来！"说完，老婆婆就消失不见了。

第二天早上，公主决定去寻找她的王子，虽然大家都不同意让她出门，国王和王后也试图阻止她，但是她最后还是不顾所有人的反对，骑上她的马，踏上了征程。她骑着马奔跑了一个又一个钟头，最后终于来到了大森林里。可是，森林里有成千上万棵树，她怎么样才能认得出哪一个是她的王子呢？

眼看天已经黑了，公主决定先休息一会儿，她从马上下来，在地上简单地搭了个床铺，想要休息一会儿。但是她刚躺下还没睡着，就听到有一个微弱的声音在说："你看你，就这样把我压在下面吗！快放过我吧！"

公主非常惊讶，她赶紧起来，往四处观望，想弄清楚这个声音是从哪里传出来的。最后她发现原来是一只小蚂蚁在说话，她刚才不小心把这只蚂蚁压在身下了。于是，公主赶紧换了一个位置。

但是她马上又听到了一个比刚才稍微响亮一些的声音说："你看你，就这样把我碾碎吗！快放过我吧！"公主发现这次说话的是一棵小草，她刚才不小心躺在小草上了。于是，公主又换了一个位置。

但是公主又听到了一个更响亮的声音说："你看你，要压死我了！快放过我吧！"公主仔细一看，原来是她身下的土地在说话。于是，公主只好站起身来。

公主心想既然一睡觉就会有人要抱怨，那就干脆不睡了，于是她借着明亮的月光，继续向前走。突然，她发现她脚下的土地好像在对她说话，告诉她说："在这里，在这里！"

于是，公主就朝那边走去了……

孩子：公主朝着那边走去，一直来到了一座城堡门口，她走进城堡，花园里的小草好像在说："在这里！在这里！"于是公主就朝着那边走去，来到了一些大树旁边。这时来了一只小蚂蚁，它对公主说："在这里！在这里！"然后她爬上了一棵大橡树。这时候，公主明白了，这棵肯定就是她那被施了咒语的王子。公主紧紧地拥抱了大橡树，大橡树马上就变回了王子的模样，咒语解除了，整个城堡也苏醒了。

就这样，他们过上了幸福快乐的生活。

我们看到在这个童话故事中，大人和孩子的角色进行了有趣的调换。给故事起头的变成了大人，大人选取了一些经典的元素，包括寻找新郎的公主、魔法以及拯救者，但是不像往常一样是王子去救公主，而是公主去救王子！这种女性去救男性的主题，一般会出现在讲述手足之情的故事中（比如姐姐历尽千辛万苦去解救被施了魔咒的弟弟，帮助他变回人形）或是丈夫消失后，妻子去寻找深爱的丈夫（类似于《丘比特和塞姬》这类神话故事），但是很少作为通往婚姻的一个途径，出现在婚约之前的情节之中。

通常来说，公主肯定不会这样找丈夫的，但是，毕竟时代是会变的嘛……

大人在讲故事的时候设置好了这个故事的核心问题，指出了目标（找到如意郎君）和障碍（把王子变成大树的魔咒），同时还暗示了三个可能会成为盟友的角色：土地、小草和蚂蚁，并且"激活"了第一个盟友（土地对公主说："在这里！"），作为对孩子的提示。

孩子在大人的提示下，迅速抓住机会，把另外两个盟友搬上了舞台，推动故事的发展，找到了化解危机的方案。此外，在结尾部分虽然问题已经解决了，但是孩子还恰如其分地引入了另外一个经典的元素：城堡的苏醒（我们之前完全没有提到城堡睡着了），这有点像是借用了《睡美人》中的情节，只不过在这个故事中"睡美人"换成了被施了咒语的王子。由此可见，听了大量的经典童话故事之后，孩子对故事中的解决方案的敏感预判，自然而然地就显现出来了。

下面我们再讲一个由家长和孩子共同创作的故事。

> 大人：从前有一位王子，他被一个恶毒的巫婆变成了一头丑陋的驴，只有当他找到一个女孩愿意诚心诚意地亲吻他时，他才能变回本来的模样，否则他就要一直保持驴子的模样。驴子四处游荡，想找到这样一个女孩，可是这谈何容易呀，哪有女孩愿意亲吻一头驴呢！
>
> 驴子继续流浪。有一天，它来到了一座小屋面前，这里住着一位老奶奶和她的孙女，孙女没有父母了，是个孤儿。祖孙两个这会儿正坐在屋前的棚子里，为了赚钱养活自己，她们每天都要在这里纺线。驴子停下来在她们家门前的草地里吃草，祖孙两个没有赶走它，让它继续吃。驴子在这里住了一段时间，

现在它对于找到人来亲吻自己的事情已经不抱希望了，有地方能让它安心地待着就很满足了。老奶奶和孙女对它还不错，每天早上还会跟它打招呼，驴子感到很开心。但是老奶奶年纪已经非常非常大了，终于有一天，她离开了这个世界，留下女孩孤零零的一个人，女孩决定去周游世界，碰碰运气。她看到草坪里的驴子，心里想道："其实，有头驴子可以骑也是比较方便的，虽然不是很优雅，但是总比走路好。"而且她每天都看到这只牲畜，对它也有一点感情了，不忍心把它自己丢在家里。于是，公主和驴子一起出发，去环游世界了。

孩子：……他们走啊走，来到了一座宏伟的王宫面前。女孩很好奇，就走了进去。但是王宫里面住着一个非常坏的巫婆，她把女孩抓了起来，关进了最高的塔顶。她与外面的世界隔绝了，只能透过一扇小窗子才能看到外面。突然，女孩看到自己的驴子正在下面吃草，于是她想到了一个逃跑的主意。

"希望它能把我接住！"女孩心里想，然后就从窗户里跳了下去。幸运的是，她正好掉到了驴子的身上，他们两个马上以最快的速度逃走了。

几天以后，他们来到了海边，看到有一个山洞，于是，他们停了下来，躲了进去。但是里面有一个妖怪，当它看到女孩的时候，也想动手把她抓起来，但是女孩马上跳到了驴子身上，驴子转身就跳进了海里。

妖怪追着他们一起跳进了海里，但是驴子会游泳，妖怪却不会,它在水里不断地挣扎,不一会儿就被淹没在了海浪里。

女孩和驴子一直游到了对岸,女孩非常感激驴子救了她两次,于是深情地亲吻了它的脸,驴子马上变回了王子的模样。从此,王子和女孩过上了幸福快乐的生活。

在这个故事中,家长也借用了"破解咒语"这一经典的主题,但是没有明确地告诉孩子最后问题具体是如何解决的,只是把两个主角放到了一起,然后就把话语权交给了孩子。

不过,故事的目的还是非常明确的:驴子要想办法赢得某位姑娘的吻,这样才能够变回王子的模样。

主人公所面临的困难同样也交代得很清楚:在魔咒的作用下,他的相貌变得丑陋,很难赢得别人的喜爱。

围绕着故事的主题(驴子变回王子),老奶奶和女孩的出现从一开始就埋下了伏笔,是潜在的同盟者,至于她们具体会怎么帮助王子,大人在把故事交给孩子去续编的时候并没有指明。

孩子立刻选定了"感激"这一主题,把驴子设计成了女孩的盟友,帮助女孩逃脱坏人的魔掌,从而激起了女孩的感激之情,最后成功赢得了她的吻。这一系列化解危机的剧情设计得非常巧妙。

我们可以发现,这个孩子在编故事的时候,很多逻辑衔接并不是十分清晰,而是直接模仿了经典童话故事里的桥段。

比如,小作者并没有告诉我们巫婆为什么要把女孩抓起来,他这样设计剧情,很可能是因为"童话里的巫婆一般都会这么做"。

妖怪的情节也是一样。不过经典童话故事中往往会交代清楚这些举动的原因，比如巫婆这么做是为了吃掉女孩，或是把她留在身边做仆人，或是出于其他别的原因。

如果有人想深入地学习童话故事中制造问题和解决问题时最常采用的情节，可以参阅弗拉基米尔·普罗普（V. Propp）的相关作品（比如《童话故事的历史根源》和《故事形态学》）。不过，在我看来，童话故事的文化价值固然不可否认，但跟孩子一起现场编故事时最好把所有的情节设计规则都抛到脑后，完全自由发挥就好了，因为只有这样，我们才会欣喜地发现，原来我们有这么大的潜力、这么多好玩的创意！

而且，编故事对我们和孩子双方来说是一种最为平等的游戏，孩子们可没有读过普罗普的理论，所以我们不读也罢，否则不就是作弊了嘛！

第二章
如何让孩子自己讲故事

让孩子自己讲故事是非常有趣、也非常有用的一件事情。这是给孩子的一个完全按照自己的意愿自由表达自己的机会，小家伙们可以借助幻想出来的情景来讲述自己在现实生活中遇到的问题，并且努力找到解决问题的办法。

如果我们想让孩子自己讲故事，首先应该确定孩子已经对"童话游戏"及其规则有了充分的理解，即他们能够通过思考，独立地借助主角/反面主角这一组对立的角色来完成"问题的构建"，然后再借助神奇盟友的干预，成功地找到"解决方案"。

另外，需要注意的是，故事开始之前，我们就要先跟孩子把规则讲清楚，即这个故事是要由孩子开头、大人收尾，还是说孩子要独立地编一个完整的故事。

之所以要先说清楚，是因为这会不知不觉地影响整个故事的发展过程。如果孩子知道最后的结尾是交给成年人来编的,他们会非常开心地尽量编出一些难题留给我们去解决。这就像是孩子跟成人的一场"较量",小家伙们会不自觉地用这种方式挑战大人。相反,如果知道给故事收尾的人是自己,那么同一个小孩在前期构建故事情节的时候会谨慎得多,免得后面自己没有办法解决自己设计的问题;除非是他在生活中真实面对的问题确实让他不知所措,他才会把这种自己没有能力解决的情节编进故事里。

1. 孩子讲故事,大人两个"不要"

现在是孩子自己要从头到尾独立地讲述整个故事。大人只需要饶有兴趣地倾听就好,这个过程中,大人需要知道两个"不要"。

· 一定要注意不要打断孩子或去纠正他们。

这一点非常重要!最初几次试验的时候,孩子在处理故事的衔接时可能逻辑关系并不是很清晰,不够有"逻辑"。但是没有关系!熟能生巧,随着时间的推移和练习次数的增加,孩子编的故事自然会变得越来精细。在孩子讲故事的时候打断他们、纠正他们或给出批评意见,会完全打断孩子的思路,切断孩子想象的源泉。这样做的后果就是孩子会花更多的精力去取悦大人,按照大人的喜好去编故事,而不是表达自己的思想。

孩子对大人给出的批评和表扬都极其敏感,并且根据大人的反应,做出相应的行为。

如果大人总是打断孩子,然后评判孩子的表现,就会让孩子感觉自己像是在参加考试，这样一来，想象的过程就完全失去了其心理治疗效果，反而使孩子因为大人的评价而焦虑不安，而这就完全背离了我们跟孩子玩编故事游戏的初衷。

· 千万不要告诉孩子如何解决故事中问题！

这也需要大人特别注意！至于当孩子遇到困难、想不出该如何处理问题时家长怎么做才合适，我们接下来会详细讲解。但是在这里我想强调的是，在这个编故事的游戏中，孩子是主人，这个故事是属于他的，而不是与其他人共同合作的成果。如果这个故事是他的故事，那么故事里的问题也是他的问题，问题的解决方案自然也是属于他一个人的，不需要任何人插手。

如果故事的圆满结局是由别人想出来的，那么故事里的危机虽然化解了，但却对化解孩子内心的矛盾没有任何帮助，相反，只会让孩子觉得不愉快，觉得自己不如别人。如果在讲故事的时候孩子没有办法独立地想出解决问题的方案，这说明当下孩子的思维还不够发达、情感还不够成熟，不足以解决故事中所涉及的问题。因此，孩子可能还需要一点时间，还需要继续尝试，再经历几次失败和磨砺。如果大人直接给出了一个完美的解决方案，孩子根本理解不了，那么在当下的这个问题上，孩子就没有任何长进，这就等于浪费了一次取得进步的宝贵机会。

我们之前曾经讲到成年人在编故事的时候，其实从一开头整个故事就代表了编故事的人本身，对孩子来说也是一样的。孩子所编的故事，即便有时候听起来非常荒诞，但刻画的正是他处于那个成长阶段时的真实面貌。

因此，我们首先得尊重孩子的个性特征以及他的成长进程。在孩子讲故事的时候，我们不要给出任何指导性的建议，只需要饱含深情地倾听。就算是孩子的故事讲到一半讲不下去了，暂时没有找到一个完美的结局，那又有什么大不了的呢？毕竟这只是想象出来的啊！

2. 故事试读：孩子自己讲的故事

下面我们来看一些孩子自己编的故事。这些孩子年龄在4~9岁，按照故事出现的顺序，作者的年龄依次递增。

故事一：

从前，有一个小孩被他的父母丢在了树林里，因为他们太穷了，没有东西可以给他吃。夜里，小孩听到有哭的声音。

小孩看到是一个树精正在哭，因为他的胡子被石头缠住了，他动不了了。

于是，小孩帮树精把胡子拿了出来，树精把小孩送回家，然后给了他很多金银珠宝，这样小孩和他的家人就有东西可以吃了，他们过上了幸福快乐的生活。

这个故事再次围绕"孩子因为家境贫穷而被抛弃"这一经典主题而展开。

一般来说，在传统的童话故事中提议要抛弃孩子的不会是孩子的亲生母亲或亲生父亲，而是继母或继父（可以参照《糖果屋》），但是在这个故事中，抛弃小男孩的却是他的亲生父母。

但是故事里并没有讲到这对父母有多么残忍，他们抛弃孩子完全是因为穷到没有东西吃，而且故事中也没有丝毫证据表明他们是坏人。

故事的最后，被抛弃的男孩后来回到了他的原生家庭，并且靠树精送给他们的财宝解决了生计问题。

我们可以看到，这个故事的情节虽然非常简单，但其构建问题和解决问题的过程都非常完美。小作者针对经典的元素所做的修改，即把继父或继母换成亲生父母，一定程度上可能也恰恰反映了作者的现实生活，因为这个小作者确实生活在一个经济状况不太理想的家庭中，虽然他年纪很小（4岁），但是很有可能他对此也有所察觉。虽然现实生活中没有任何人想要"把他丢在树林里"，但是父母的确曾经较长时间不在他的身边，把他临时托付给不同的邻居照看，他们这么做当然不是出于恶意，因为迫于生计问题，父母双方不得不出门工作。

因此，小作者在故事中幻想是自己借助魔法解决了家里的经济问题，从而让家人从此得以幸福快乐地生活在一起。

故事二：

从前有一个聪明的男孩，他决定到世界各地去寻找财富。

他走啊走，来到了一座山里，他看到有一个山洞，其实这是巨人们的家，但是他不知道，就走了进去。

当时，山洞里只有巨人的奶奶在，她很善良，于是她告诉男孩让他藏起来，不然巨人们回来的时候如果发现了他，肯定会把他吃掉。

于是，男孩藏在了高处的柜子里。天黑了，巨人们回来了，他们身上挂满了从其他地方偷来的金子。

巨人真的非常非常坏。

他们开始说："乌吃，乌吃，我闻到了人肉味！"[1]然后就开始四处找人，但是老奶奶告诉他们说："得了吧，肯定是我中午吃的兔子的味道吧！"说着，老奶奶在桌上又放了一只兔子，巨人们就去吃兔子了。就这样，老奶奶救了男孩一命。

等巨人都睡着以后，男孩穿上了巨人的靴子，要知道这双靴子一步就可以走七里格[2]呢！男孩还把巨人们偷来的金子也放到了靴子里，然后就逃到远方去了。有了这些财富，他可以永远都过着幸福快乐的生活了。

这个故事糅合了很多个经典的元素，包括寻找财富的机灵小男孩、善良的巨人奶奶、"乌吃，乌吃"、一步可以走七里格的靴子等，

---

[1]原文为"Ucci Ucci sento odor di cristianucci"，是法国著名童话故事《小拇指》（Le Petit Poucet）中的经典句子。

[2]里格，古老的长度测量单位，在陆地上时，一里格通常被认为是3英里，即4.827千米。

其中,每个元素都有存在的意义,各种元素综合在一起,一步步把故事引向结局。虽然设定这个主人公的动机很不明确,因为到头来他只是偷走了财宝而已。如果是放到经典童话故事里,故事情节很有可能会进一步完善,比如当巨人意识到所发生的事情之后,可能会穿上其他靴子去追逃走的男孩(他们怎么会只有一双靴子呢?)但是,总体来说,如果我们不这么吹毛求疵,这个故事大体上还是很流畅的!

故事三:

从前有一个王子,他到了结婚的年龄,于是在他的王国里四处搜寻,想要找到一个自己最喜欢的女孩。

有一天,王子来到了一座小房子面前,看到一位姑娘正在纺线。

这位姑娘漂亮极了,而且还非常善良,王子很喜欢她,想要马上娶她做新娘。

"可是我不能离开这里!"女孩对王子说,"一个巫婆给我施了魔咒,无论白天还是黑夜,我都没有办法离开这个摇纱机。我被囚禁在这里了。只有一个办法可以救我,那就是找回我父亲的戒指。我父亲也是一位国王,他有一枚心爱的戒指,但是被巫婆扔到了海底。"女孩告诉王子,她曾经也是一位公主,但是被巫婆绑架了,然后给她施加了这个该死的魔咒!

听了女孩的话，王子依旧非常喜欢她，于是，他马上下定决心要救她，他要去找回那枚神圣的戒指。于是，王子来到了海边，跳进了海里，去寻找戒指。

但是海里住着地狱之王，他不喜欢别人来打扰他，于是想要把王子赶走。

王子向地狱之王讲述了这位被巫婆施了魔法的公主的故事，地狱之王听了，说道："你要找的那枚戒指其实在我这里。但是我自己的戒指被山里的恶龙偷走了。如果你能从恶龙那里拿回我的戒指，作为交换，我就把你想要的那个戒指给你。"

于是，王子马上去山里找恶龙了，但是他不能就这样赤手空拳地和恶龙交战，因为恶龙非常非常强壮。正当王子不知道该怎么办的时候，来了一个老婆婆，她很可怜，因为她长得实在太丑了，所以没有人愿意跟她待在一起，她对王子说："如果之后你能把我带到你的城堡里去，我现在就可以帮助你打败恶龙。"

王子立刻同意了，老婆婆给了他一把战无不胜的剑。王子拿着这把剑，勇敢地去找恶龙决斗了，最后他战胜了恶龙，砍下了它的脑袋。

王子取下了恶龙的戒指，拿着它去找地狱之王，地狱之王按照约定，把公主父亲的戒指给了王子。魔咒消除了，王子和公主可以结婚了。

他们没有忘记要带着老婆婆一起回城堡，最后，他们过上了幸福快乐的生活。

讲这个故事的是这个小组中年龄最大的孩子,而且对这种游戏也非常熟悉。

我们的确可以看得出这个孩子的"功力",他轻轻松松地就把各种典型的元素编入了故事之中,包括寻找新娘、巫术、困难的克服,等等。

他化解危机的策略结合了主人公的勇气(无论做什么事都勇往直前、全力以赴)和善良(答应照顾丑陋的老婆婆),正是他的善良为他带来一个会魔法的盟友(战无不胜的剑),从而在最后获得了圆满的成功(战胜了恶龙,拿到了戒指,解除了魔咒,娶到了心爱的人)。

故事情节设计虽然是原创的,但是各部分之间的逻辑关系都非常清晰。

3. 当孩子讲不下去的时候

有时候孩子自己编了一个故事,但是讲着讲着卡住了,没有办法编出一个圆满的结局("……从此他们过上了幸福快乐的生活"),这时我们该怎么办呢?

要记住最重要的事情就是大人千万不能告诉孩子解决方案!如果孩子无法独立想出圆满的结局(前提是孩子已经对"编故事游戏"十分熟悉,进行过相关的训练),这表明孩子所编的故事涉及某个孩子现实中的确存在的问题，他受到这个问题的困扰，而且暂时没有找到解决的方法，无法圆满完成的故事正是这个问题在想象空间里的映射。

这时候我们如果直接为孩子提供解决方案，是非常不恰当的，因为孩子理解不了，这些方案发挥不了什么作用，反而只会让孩子感到沮丧，他们会觉得"所有人都能处理得了，只有我不能！"所以我们不要向伤口撒盐了！

不过，我们也不是完全无计可施。如果孩子比较大了，我们完全可以通过研究孩子所设计的各类人物的动机，做出相应的引导。

举个例子来说，如果孩子讲到"巫婆把王子抓了起来"，这没有问题，但是为什么巫婆要把他抓起来呢？想吃掉他吗？（这种可能性不大！因为在童话故事中，巫婆要吃的一般都是白白嫩嫩的小孩子，王子们太瘦了，咬都咬不动，巫婆是不会吃的！），或者巫婆想要王子娶她丑陋的女儿？这倒是有可能的！还是说巫婆想把王子留在身边做她的仆人？那她怎么不雇佣一个仆人来伺候她呢？难道她是个吝啬的守财奴？

如果能弄清楚主角，尤其是反面主角的行为动机，就能比较轻松地找出问题的解决方案。但是孩子只有到了足够大的年龄，才能比较好地理解这些行为的动机。

对年龄比较小的宝宝来说，巫婆就是坏人，她们就是要做坏事，没有什么可解释的！

巫婆就是她们的职业，做坏事就是她们的工作！

案例一：

接下来我要讲的是一个真实的故事，故事的作者是一个小男孩（名字叫巴贝尔），他曾经表现出来非常严重的心理问题，但我们借助童话，帮助他走出困境。

巴贝尔自己编的故事是这样的：

· 有一个小孩在森林里迷路了，后来他找到了一个房子，但是里面没有灯，然后来了一个人，他把小孩吃了，小孩就死了。

巴贝尔3岁半，他晚上不敢自己睡觉。他有严重的睡眠障碍，入睡极其困难，他的父母必须得抱着他抱上几个小时，他才能迷迷糊糊睡一会儿。但是过不了多久就又会哭喊着醒来，一晚上不断地做噩梦。

唯一的办法就是把他带到父母的房间，跟父母一起睡，而且还要开着灯，就算是这样，小家伙晚上也会被吓醒好多次。

但是三个月之前，巴贝尔完全没有这些症状，他睡眠一直很好，可以在自己的小房间里安心睡觉，从来不会睡不着，也不会怕这怕那。

巴贝尔的语言能力还非常有限，他说不清楚，爸爸妈妈也弄不清楚到底发生了什么事，是什么东西让小家伙如此恐惧。在这三个月期间家里没有发生任何的重大变故，幼儿园里也跟以前区别不大，但是巴贝尔不仅成了睡觉困难户，在幼儿园也变得更内向了，经常

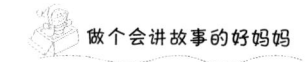

紧张不安，有时还会突然放声大哭，或者莫名地感到害怕。

到底发生了什么事呢？我们只能找到一个线索，那就是巴贝尔不仅做噩梦，在画画的时候还喜欢涂出很多大块的黑色图案。这些图案的形状十分不规则，如果问他它们代表什么东西，小家伙就会回答说："我不知道。"

后来我开始从巴贝尔编的故事入手，试着帮助他走出困境。首先我想弄明白，是什么原因导致故事里的小孩会独自一个人出现在森林里。

提问："为什么小孩会在森林里迷路呢？"
回答："他迷路了，因为天很黑。"

小孩可能是跟妈妈或爸爸或是父母两个人一起去森林里的，但是孩子一转身，其他人都消失不见了，天也黑了，他什么都看不见。

提问："那个小孩有没有喊人来帮助他呢？他大声叫了吗？"
回答："没有。"

然后那个小孩看到了一座房子，从外面看房子里有灯光，非常明亮，所以他就朝着房子走了过去。这很符合逻辑。但是进门以后他发现里面漆黑一片，他太害怕了，吓得不敢动弹。"然后他听到有人来了，后来他就死了。"

不管客观事实到底如何，我们可以确定的是，巴贝尔在生活中一定遇到过"父母不在身边"，他"感到好像迷路了"，同时"周围漆黑一片"这样的场景。在这种情况下，我们没有必要花大量的精力去研究现实生活中具体发生了什么事情，这么做没有多大意义。有时候可能在大人或父母看起来，并没有发生任何特殊的事情，但是孩子的情感世界里确实发生了一些变故，让小家伙产生了被抛弃的感觉或深深的恐惧。寻找创伤的真相是没有用的。

但是孩子的内心总归是感到"孤独和迷失"的，这种感觉是真实的。

当感到惊慌的时候，他没有请求任何人的帮助：故事里的那个孩子既没有喊，也没有哭，什么事情都没有做。他甚至也没有责怪父母的粗心大意，他们在森林里突然消失了，一点都不担心他的安危。

在现实生活中，巴贝尔也同样从来没有对自己的父母表现出任何的愤怒或对他们明确地提出任何请求，即便是夜里睡不着的时候，也不是他主动向父母求助的，而是父母主动来帮助和照顾他的。

同时我们还看到，巴贝尔所编的故事全都是围绕着黑暗或光明这个概念展开的。故事里的小孩看到了一个房子，从外面看起来，房子里灯火通明，吸引着小男孩。这些情节以光明或黑暗、回家或"迷路"这些概念为中心，从深层的意义上来说，这座明亮的房子实际上代表着机会，代表着希望。

于是，小男孩朝着灯光、朝着房子走了过去……但是很快他便失望了：在房子里他再次被黑暗包围，他再次陷入了孤独，再次迷失在了黑暗里。他呆住了，找不到方向，不知道该去哪里。

年纪这么小的小孩，用如此不连贯的语言讲述了这样一个故事，谁能弄得明白现实生活中到底是什么事情给孩子带来了这种错觉或失望呢？亮光、希望、走进去以后一片漆黑的房子……这些都代表着什么呢？最后还来了一个"人"，这又是什么意思呢？

对于最后出场的这个人，小男孩只是听见了他的声音，没有看到具体的模样，不过话说回来，既然房子里漆黑一片，他又怎么能看得见呢？

故事里的小男孩的所有问题都集中在黑暗、孤独、恐惧、可怕的声音和看不见的威胁这些方面。这也正是现实生活中所发生的事情：寂静的夜晚让他感到恐惧，周围一片漆黑，他无法入睡，在幼儿园里也是一样，他最焦虑不安的时候就是在午睡时分，因为那时候房间里面灯会熄灭，像是天黑了一样。

可怜的小家伙完全被这个问题困住了。这种被牢牢困住的感觉，也让人想到睡觉时的状态。到了夜里，就算是正常的声音，在小巴贝尔听来也变得非常可怕。故事里最后出现的这个人，有可能曾经在巴贝尔的梦里出现过，也有可能是他夜里听到这些声音以后想象出来的。

我努力想出一个更好的解决方案，试着扭转故事的结局，避免故事里的小男孩被"黑衣人"吃掉。

"我们能不能一起想象一下,小男孩开始大声地喊叫,最后终于有人来救他了。"

"好吧。他大声喊,然后奶奶来了。"

在现实生活中,奶奶扮演着非常重要的角色,虽然不跟巴贝尔一家住在一起,但是巴贝尔跟奶奶还是非常亲近的,也很依赖奶奶。

"然后呢?"

"然后奶奶来了,她站在坏人的后面大声地喊,然后坏人就逃跑了,他们两个就一起回家了。"

到这里为止,我们终于找到了一个完美的解决方案,至少是在想象的世界里获得了圆满。

我向巴贝尔的父母建议把奶奶接过来住一段时间,让她尽量多陪陪小巴贝尔,然后观察一下如果奶奶晚上陪巴贝尔一起睡,情况会不会有所好转。

后来,奇迹发生了:有奶奶陪在身边的时候,巴贝尔又像以前一样,可以安心地睡觉了。

于是,我们决定继续采用这种方法,再让奶奶陪巴贝尔一起睡一段时间,慢慢地等一切都回归正常以后再让奶奶回去。

我们到最后也不知道当初到底发生了什么事情对孩子造成了创伤,但是我们可以确定的是,我们的方法奏效了,小家伙摆脱了之前的困扰，恢复正常了。

在这个案例中，我们借助想象找到了解决问题的关键线索，在童话世界里发现了有关于现实社会的重要信息，最后成功治愈了孩子的创伤。

如果孩子愿意跟我们合作的话，借助童话来分析和解决孩子的心理问题是非常容易的。不过，我们要做的是给孩子一定的刺激，激发他们思考，而不是直接提出解决问题的方案，我们的方案很有可能并不适合孩子，因为这不是他们自己思考的结果，而是来自别人（而且还是成年人）的想法。

最有效的做法应该是，刺激和引导孩子自己去寻找答案，比如我们可以说："想象一下这时候如果有人来了"或者"想象一下如果这个小孩找到了一个帮手"（这个帮手可以是一个人、一个动物、一个有魔力的物件或者是某种超能力，总之只要能够帮助主人公走出困境就可以了）。

给孩子讲故事听当然是一件非常好的事，但是这些故事总归是别人的故事。通常情况下，到了某一个阶段，孩子会从我们给他讲的众多故事中选出一个与他当下所面临的问题有关的故事，他非常非常喜欢听，会要求我们不断地给他讲，可是过了这段时间，他的热情又转移到了另外一个故事上去了，这是因为他在现实生活中所面临的问题改变了。但是比给孩子讲故事更有用的，是让孩子自己编故事，因为这样的故事所反映的完全是孩子当下的内心状况，解决了故事里的问题，同时也就解决了他们现实中的问题。

案例二

我们再看一个例子。这个例子不像上一个讲的是借助童话治疗心理问题的故事,而是家长和孩子一起玩的"编故事的游戏"。

游戏先从孩子开始:

·从前有一个王子,有一天他去打猎,看到了一只小鹿,她长着金色的鹿角,非常漂亮。于是,王子紧紧地跟着她,他跑得太快,把侍从们都落在后面了。

小鹿跑啊跑,跑了很长的路以后,钻进了一个洞里,王子也跟着她钻了进去……后来他们发现来到了一个废弃的矿井里。

他们又往前走了一段路,矿井突然发生了坍塌,出口完全被封住了。

小鹿消失不见了,王子一个人被困在那里,他什么都做不了,只能干等着最后窒息而死,然后被活埋……

家长:"想象一下如果来了一个助手来帮他呢……"

孩子:"不行,不可能的,谁也去不了,因为那里全部都堵住了,谁也进不去。而且他就算大声喊,他的侍从们也听不见,因为离得太远了。他们虽然到处找他,但是也肯定不会找到地底下来的!"

在这里,孩子否定了家长提出的解决方案。家长又试了几次,但是还是以失败告终。

为什么呢？孩子可能只是像往常一样在跟家长耍脾气，或者故意给家长出个难题，又或者那天孩子生爸爸的气了，所以故意对着干。

但是这些都是我们的猜测，没有依据。

故事里的主人公所面临的困难从理性的层面来看也许难以解决，但是如果换作是幻想的角度，那这些问题就根本不是事儿！我们可以让仙子现身，或者召唤一只会魔法的蚂蚁，矿井里肯定也有蚂蚁的呀！石头也可以说话！被困的王子没准还可以找到一块魔法金子，它可以满足王子的任何愿望！

总之，只要展开想象的翅膀，解决的方法有无数种！但是很显然上面编故事的那个孩子一个都没想到。

造成这种情况的原因，有可能是孩子之前对"编故事的游戏"不够熟悉，如果只是由于这个原因，我们只需要让孩子接触更多的童话故事，让他们看到想象力的无限可能性。

但是有时候还有其他的原因！

由于孩子所讲的这个故事非常具有现实主义特色，因此它有可能代表的是一个在孩子的生活中真实存在的问题，小家伙为这个问题所困扰，而在现实生活中是不存在魔法的，因为他会拒绝带有魔法色彩的解决方案。

在这个案例中，孩子编的故事所指的其实是出现在现实生活中的一种非常具体的情况：他刚刚跟着爸妈来到另外一个城市，换了新的学校、新的环境，由于各种原因，既有他自身的主观原因，也有外部的客观原因，新学校里的老师和同学都不喜欢他。因此，这个孩子感觉自己完全被孤立了，正如他在故事里所说的，像是被"活埋"了，而且他也不会去考虑任何带有魔法色彩的解决方案。

在这种情况下，童话故事实际上是再现了孩子的内心世界。这时候我们该怎么办呢？

有时候，孩子所编的故事是以象征的方式表现了其内心的冲突，这些故事之所以没有一个圆满的结局，是因为当时孩子感觉这些冲突是根本无法解决的。

在这种情况下，我们是可以通过引入魔法元素来解决问题的，而且我们上面所说的仙子、有魔法的蚂蚁、会说话的石头等角色的广泛参与，可以使故事情节的发展变得容易很多。

但是在有些情况下，这些结局不够圆满的故事所展现的内容并不是孩子的内心冲突，而是以想象的形式反映了现实生活中的确存在的难以解决的问题。如果是这样，那家长很可能也帮不上什么忙，只能寄希望于时间了！

儿童跟成年人不一样，他们不像我们有比较广泛的选择范围，在具体的事情上也有自主权，可以自己做主。

如果不喜欢某份工作，或者跟办公室主任和同事相处得不融洽，那我们就可以选择辞职，重新换一个工作。

我意思并不是说找到心仪的工作是一件轻而易举的事情，但是至少我们有机会可以去尝试！

在选择周围的环境、伴侣或其他对象上也是一样，成年人有足

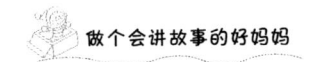

够的内部资源和外部资源，可以应对较为困难的情况。

但是孩子却不一样！

他们在面对很多事情的时候都是没有自主权的，是有赖于成年人的，比如他们没有能力选择自己所生活的环境、所读的学校或家庭的氛围，他们无力改善自己的状况，基本上什么都做不了。

孩子所编的有些没有"出路"的童话，反映的正是这种心理上和现实中无能为力的感受。

唯一能改变这种状态的只有时间。

5岁的小男孩，会慢慢长到9岁，12岁，16岁……迟早有一天他会长大成人，完全拥有自主的权利。

我们也可以把这个元素加入童话故事中，比如我们可以说："想象一下20年过后会怎么样呢？"

会怎么样呢？到那时情况发生变化了，我们当然希望是变得更好了！

4. 绘画——一种独特的讲故事的方式

这里我们再介绍一种方法也可以帮助孩子打破僵局，那就是引入另外一种表达形式。

如果孩子语言能力还不是很强，口头编故事比较困难，那我们可以让孩子换种方式表达内心的想法，比如画画。我们可以让孩子把他想讲的故事画成一幅画。

引导孩子使用另外一种表达途径，有可能会带来新的惊喜，发掘出以前不曾有想到过的新方案！

不仅仅是画画，其他的创意型表达方式也可以起到一样的效果。

比如音乐也是完全可以的，只不过可能年龄太小的孩子很少能达到把音乐当成是一种工具的程度，很难自己创作一首曲子出来。

相比之下，角色表演这种方式要容易得多（这也是很多孩子都非常喜欢的一种方式），尤其是戏剧化的表演，让孩子自由地用身体、表情、声音等把故事演出来，是非常不错的方法。

要点回顾

·游戏规则。事先跟孩子说明白是大人来开头、孩子来收尾，还是孩子开头、大人收尾。

·孩子开头。对年龄较小的孩子来说，给故事编一个开头比给故事设计结尾更容易一些。孩子可以介绍人物，然后引出问题。

·大人为故事里的问题寻找解决方案。问题的解决可以依靠主人公的个人能力，也可以借助神通广大的盟友的帮助。

·大人开头。尽量参考孩子比较熟悉的一些经典角色（王子、公主、巫婆等），针对可能成为盟友的角色也要稍做提示。

·孩子独立讲述完整的故事。无论何时都不要打断孩子然后纠正他们！无论孩子的故事多么没有条理，大人需要做的只有一件事，那就是仔细听。

·当孩子遇到困难的时候。大人不要直接给出解决方案！可以提议引入一个会魔法的盟友角色，或通过询问人物的行为动机引发孩子主动思考。

·现实。某个没能收尾或结局不圆满的故事有可能反映了孩子在现实生活中所遇到的麻烦。大人要尊重孩子所设计的结尾。

·画画。可以让孩子把他的故事画成一幅画，从而打破故事的僵局，找到出口。

·表演。孩子很喜欢扮演不同的角色，把故事表演出来。

在学校里讲故事

第一章
课堂上的童话故事

1. 童话故事是非常好的教学工具

童话故事是一种非常好的教学工具。在后面的章节中我们会讲到如何在课堂上让孩子们自己编故事（参见"如何在课堂上编故事"一节），现在我们着重来看老师应该如何给全班同学讲故事。

孩子在听故事的时候可不是闲着的，他们的小脑袋得飞快运转才行，他们要理解很多逻辑关系，弄清楚上下文之间的联系，只有这样才能听懂这个故事。如果不是放在故事中，这种对逻辑关系和复杂联系的梳理对孩子来说就会变得非常困难，而且也非常无聊。

我在前面的章节中已经讲到，童话的逻辑结构十分固定，这恰好为孩子的学习创造了有利条件，在听故事的过程中，他们可以顺着这个结构，学习主角、反面主角和盟友之间的互动和联系，领会时间的先后顺序、事物之间的因果关系等。

这些都是孩子学习过程中必须要掌握的内容，但是其难度较大，如果不是出现在童话故事中，一方面老师很难讲得明白，另一方面孩子也会觉得学起来很无聊，会不喜欢学。

既然童话故事能让这个学习过程变得轻松很多，那么我们使用这个工具的时机一定要把握好。为了能发挥出更好的效果，我们最好把讲故事这件事和正式的教学活动分开来，另外抽出时间来讲故事，最重要的一点是，千万不要强迫孩子听故事，这件事一定得是自愿的，是轻松愉快的。

我们都知道，只要是我们强迫孩子去做的事，他们就会觉得很无聊、很令人讨厌，虽然他们会去做，但却带着不满的情绪。相反，那些被禁止去做的事，或者是没有任何义务的事，他们就会觉得很有趣，做起来很愉快。不仅是孩子，这种倾向在很多成年人中也很常见。

因此，我们要把讲故事的时间归入游戏、放松的这一个类别中，而不是当成上课，这样就可以事半功倍、一箭双雕，兼顾娱乐性和实用性，在保证故事对孩子的吸引力的同时，充分发挥讲故事的教学意义。

我们可以举一个有关其他课题的例子：有些老师发现，学生在打牌的时候，算术能力突飞猛进，比单纯地做算术题要高效得多。于是，老师们决定把打牌作为教学活动的一部分。但是当打牌变成了一项必须要完成的活动之后，它就又变成了惹人生厌的任务。相反，如果把它排除在课业内容之外，当作是一种"开小差"的娱乐活动，学生只能偷偷地玩一玩，反而能发挥重要的效果，促进孩子在计算方面的学习。

听故事也是同样的道理，如果我们强迫孩子听，那这件事情就会完全变质（如果一直训斥孩子听故事，他们反而不会认真听，而是在跟同桌聊天，或者做其他事情，甚至可能会睡着！）

回想一下我们自己的经历就知道了，我们小时候都必须得学习那些最了不起的经典著作，但是由于这种学习是被迫的，所以想必没几个人真正喜欢这些作品，但是多年之后，当我们主动拿起这些书去读的时候，竟然读得津津有味。

童话故事也是一样，为了能最大限度地发挥童话故事的积极效果，我们要让孩子自由自愿地去选择是否要听，而不是要求他们，更不能强迫他们。

2. 应该选择哪些故事？

我们之前讲到的父母给孩子挑选故事的标准放在这里仍然完全适用：不要选择结局不圆满的故事，不要选择带有惩罚色彩的说教型故事，也不要选择跟我们的文化背景差异过大、异域风情过于浓重的故事，因为这样的故事孩子很难听得明白。

开始的时候要先从简单的故事入手，循序渐进，慢慢过渡到复杂一些的故事，但是始终不要脱离我们所在的文化背景。

第二章
如何在课堂上编故事

在课堂上，老师和孩子们也完全可以一起编故事，积极互动，充分发挥创造力。下面我们就来看一下具体怎么操作。

1. 由老师来开头

老师可以先开始编故事，铺设好故事的前两个阶段（介绍人物、引入问题）后，把剩下的部分留给孩子们，让他们来编写结尾。

我们在前面讲过家长和孩子一起编故事的具体做法，同样也适用于老师跟孩子们一起合作，唯一需要改动的一点是，老师最好让孩子们把故事的结局写下来。因为在课堂上孩子很多，不像在家里一般只有一个孩子，如果我们让孩子一个个轮流说，会浪费很多时间，一个个听下来会很无聊。

不仅如此，后面的孩子如果听了之前孩子的结尾肯定会受到影响，思路会受到干扰，限制了他们创作的自由。

假设（而且也很有可能）很多孩子所设想的结局是很相似的，那么排在后面的孩子听到前面的孩子已经说出了自己所想到的结局，他们就会感到有些失望。

而且每个孩子所需要的"创作"时间是非常不一样的，没有办法一刀切，那么老师也就找不到一个合适的时间点去统一下口令，让所有孩子们都开始汇报自己编好的故事。

个别孩子（可能不止一个）可能还没想好怎么设计结尾，但是听到别的孩子说出了他们的结尾，就会有意或无意地去模仿。这样一来，"编故事的游戏"就只能对那些反应比较快的孩子起到作用了，而这些孩子很有可能并不是最需要这种训练的，因为他们本身已经足够熟练了，相反对那些反应慢一些、更需要练习的孩子反而发挥不了多大的作用。

只有当孩子非常少时，我们才能让他们口述故事。不过，让孩子把故事写下来这种方法也有一定的局限性，因为这么做的前提是他们已经熟练地掌握了语言工具，能比较自如地加以运用，顺畅地将头脑中的创意用文字的形式表达出来，如果孩子还不具备这种能力，强迫他们写反而会打断他们的思路，阻碍其想象力的发挥。

在课堂编故事的过程中有一点非常重要，即老师必须要营造出一种轻松而包容的"氛围"，让每个孩子都能最大限度地表达自己的想法。

这件事只能靠老师来完成，老师要引导孩子们养成互相尊重的习惯，让大家认识到在做这个游戏的时候，每个孩子所提出的解决方案都必须得到尊重，其他人不能对其进行批判。

一开始的时候，老师也不要妄自评判孩子所编的故事，任何老师都没有权利按照自己的意愿评选出最好的故事，这一点非常重要，我们要避免任何的排名或优秀故事评选。

儿童都有自发地参与竞争的倾向，在进行某些活动时，我们可以巧妙地利用孩子的这种特性，给予他们一定的刺激，获得更好的成效，但是在编故事的时候还是让孩子远离竞争吧！

创作的过程是个性化的、私人化的，是不能加以比较的，只有在包容的氛围中，他们才能更好地表达自己的创意，竞争的氛围只会让孩子过于关注自己的表现，不能专心地创作。

我举一个其他领域的例子。我们可能都听过"头脑风暴"这个词，在工业设计领域，最高效的创意方案往往都来自"头脑风暴"，即参加讨论的每个人都把他所首先想到的方案讲出来，或者更确切地说并不是方案，而是想法，不管是否合理，只要头脑中闪现出来一个点子，就马上脱口而出，其他参与者也不允许马上去批判别人的想法；但是到最后正是从这一堆"狂乱"的想法中，诞生出最优秀、最高效的创意，把最初的假设变成切实可行的具体方案。

我们可以看到，为了成功地完成头脑风暴，每个人都要有自由发挥的空间，大胆地说出自己的想法，虽然开始的时候看起来似乎

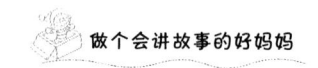

不切实际，但是很有可能最后却发现，这些想法不但可行，而且还非常有才！

2. 划分小组及小组间的协调配合

正是出于以上这些考虑，老师在组织孩子们玩编故事的游戏时，最好把他们划分成几个小组。具体的流程如下：先把整个班级划分成小的单元，每个小组不超过五六个孩子，然后老师开始讲述故事的开头部分："从前……"

因此，所有的孩子所拿到的故事的开头都是一样的，老师讲完之后，留出至少十分钟的时间，让每个小组的孩子互相交流他们续编的故事结尾。在这里老师要注意，一定要完整地呈现出故事的前两个阶段后，再把故事交给孩子以小组为单位去续编。

老师可以把班级里的孩子们分成几个小组，每个小组5~6个人。

每次选取一个小组来编写故事的开头，让另外一个小组设计故事的结尾。然后再交换过来。这种团队游戏趣味性很高，但是也很容易引发问题。

老师要确保每个孩子都能为所在的团队做出自己的贡献，而不是团队中反应比较快的孩子自己把解决方案想好了，其他孩子默不作声地在旁边看着，没有存在感和参与感（这种情况经常发生）。

正如我们之前提到的，每个孩子所需要的思考时间不同，有的孩子反应更快、更有创意，有的孩子则不然，这是无法避免的。因此，在组织游戏的时候，不要让孩子们在规定的时间内轮流讲故事，否则会导致每个孩子都不想让反应最慢的孩子加入自己的队伍。

这跟夺旗游戏①很像：如果已经分好了队伍而且每个队伍的成员是固定不变的，那么没有人会欢迎跑不快的孩子，相反所有人都想努力把跑得快的孩子拉进自己的队伍。

"编故事的游戏"不应该成为一种竞争性的游戏，否则就完全失去了它本来的意义。

对于创作来说，宽松包容的氛围是必不可少的，只有在这样的环境中，孩子的创造力才能得到发展。因此，比起结果，我们更应该注重的是游戏的氛围。

双元素

老师也可以给孩子们一对关键词，然后让他们展开想象，扩展成一个完整的故事。这对关键词可以是主角/负面主角、主角/目标或主角/盟友。

一开始的时候，最好选择孩子已经比较熟悉的"经典"元素，比如王子、公主、龙、巫婆等。

等孩子习惯了这种游戏之后，可以更加自由地选择一些更新颖的原创型元素。

著名儿童文学作家贾尼·罗大里（Gianni Rodari）在其作品中曾大量使用这种"双元素联想法"（可参阅本书的附录"推荐书目"

---

① 夺旗游戏是一种西方传统运动。此游戏进行方式是由两队人马互相前往对方的基地夺旗，每队人马必须把敌方的旗从敌方的基地带回自己队伍的基地。敌方的队员离开了自己的地区而到达另一方的地区可以被"点"到而出局，点到的球员可以是暂时出局或完全出局。

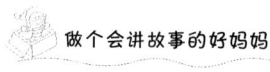

中提到的《幻想的语法》一书），即在创作故事的时候，以两个元素为出发点，任意自由联想，完全不去考虑经典童话中的典型的三段式框架，但是至于相比之下这种方法在解决问题方面是否也具有同等的效率，这个问题还有待讨论。

三要素

老师当然也可以提供两个以上的元素（注意也不要太多），然后让孩子以小组为单位共同编写故事。

采取这种方法时，为了避免让情况过于复杂，一开始最好也不要脱离孩子们比较熟悉的经典人物。

【案例】

王子、女巫和戒指

第一组

从前有一位王子，他很喜欢去森林里玩。有一天他在森林里散步，突然感到非常口渴，他看到附近有一座房子，于是决定去问房子里的人要一杯水喝。

但是房子里住着一个恶毒的巫婆，王子走进去以后，巫婆把王子抓了起来，然后把他锁进了猪圈，王子必须叫人给巫婆带来一大笔赎金，巫婆才肯放过他。

但是，王子在猪圈中间看到了一个闪闪发光的东西，他拿过来一看，原来是一个金戒指。王子把戒指戴在手上，猪圈的门立刻开了，王子获得了自由，终于可以逃跑了！

第二组

从前有一位王子，他想娶邻国的公主为妻，这位公主非常非常漂亮，而且心地也很善良。公主也很喜欢这位王子。

但是公主的父亲不想让公主离开，为了让公主继续留在自己身边，他对王子说，他曾经有一枚心爱的戒指，但是后来找不到了，王子必须要把这枚戒指找回来，才能娶到公主。

国王已经把整个城堡都找遍了也没有找到他的戒指。

王子更不知道这枚戒指在什么地方，也不知去哪里找。所以他很忧伤，因为找不到戒指，他就没有办法跟公主结婚了。

但是有一天晚上，王子做了一个梦，他梦到了一位善良的仙女，仙女告诉他戒指是被巫婆偷走了，现在就藏在巫婆的城堡里。巫婆也可以把戒指还给王子，不过前提是王子必须要在她的城堡里过三个晚上，而且到了夜里就会有很多鬼来打他，他不能发出任何声音！

王子非常勇敢，而且也很爱公主，他决定要去试一试。于是，王子来到了巫婆的城堡，到了夜里，果然来了很多鬼，他们恶狠狠地抽打着王子。但是王子一声都不吭！就这样，到了第三天夜里，巫婆不得不把戒指还给了王子；王子把戒指拿给了国王，国王终于答应让公主嫁给他了。

第三组

从前有一位国王，他非常英明，一直都把自己的国家治理得很好。

但是后来突然出现了一个奇怪的现象：天空中一滴雨也不下了，农田全都干涸了，所有的庄稼都死了，一切都快要毁灭了。

国王赶紧把国家里所有聪明的智者全都召集了过来，但是他们也都不知道这是怎么回事。于是国王只好从一个遥远的国家把最厉害的智者请过来了，这位智者是所有人中最聪明的。国王问他这是怎么回事，大智者说这是一个巫婆一手造成的，她用她的戒指施了一个魔咒。巫婆这么做的原因就是因为她太恶毒了，她看到别人都生活得很好就感到非常愤怒。解决这个问题唯一的办法就是把巫婆的戒指抢过来，然后扔掉。

但是国王已经年老，没有力气去跟巫婆战斗了，于是他就派出了最勇敢的儿子去完成这个任务！年轻的王子骑上骏马就来到了巫婆的城堡，他们进行了一场激烈的角斗，因为这个巫婆很厉害，各种巫术她都会，所以她不断地变化成各种外形！但是王子也很优秀，他比巫婆还要厉害，最后成功地夺走了巫婆的戒指。王子拿着戒指回到了他的王国，然后按照智者的指示把戒指扔掉了，王国里的一切马上恢复了正常，因为这只不过是巫婆的巫术导致的！大家非常开心，一起举办了盛大的节日来庆祝胜利！

【作品点评】

三个小组的孩子都使用老师给出的三个元素，但是却创作出了完全不同的故事。坦白来说，这三个故事并不是非常新颖，但是从另一方面来说，老师所给出的三个关键词——王子、巫婆和戒指——就是童话故事中最经典的元素，所以也就决定孩子们的故事应该会是中规中矩的，排除了很多天马行空的可能性。

随着练习次数的增加，等孩子对"编故事的游戏"熟悉了以后，我们就可以给出更具有原创性的元素，从而最大限度地刺激孩子想象力的进一步发展。但是在开始阶段不适合这么做，因为孩子的成长发育需要时间，需要循序渐进。

要注意的是，在引导孩子编故事的时候始终要遵循"引入—问题出现—问题解决"这个三部曲，不然孩子们虽然也可以创作出非常好玩、极其有创意的故事，但是这样的故事就跟我们所说的"编故事的游戏"没有什么关系了，而后者才是我们现在集中探讨的问题。

3. 童话故事卡片

老师组织孩子们玩"编故事的游戏"时，也可以借助卡片，有时候这种方式可以让游戏变得更好玩！

游戏的过程如下：先做三副卡片，一副是主角，一副是反面主角，还有一副是盟友。

【三要素的构成】

- 主角：好的一方。指的是童话故事里的英雄或女英雄。（例如：王子、公主、小孩、穷人等。）

- 反面主角：坏的一方。他/她会给主角制造麻烦。（例如：巫婆、继母、龙、对手等。）
- 助手或盟友：好的一方。他/她会帮助主人公完成任务。（例如：仙女、智者、魔法师、有魔力的动物或物品等。）

然后把班级里的孩子分组，每个小组从三副卡片中分别随机抽出一张，这样每个小组都得到了三个人物。也可以在这些人物的基础上再加入一个万能角色，即可以充当主角、反面主角或盟友中的任意一种。最后每个小组用抽到的卡片编成一个完整的故事。

这个游戏和前面的游戏很类似，只不过在前面的游戏中是由老师为孩子们选定角色，相对而言现在这个游戏会更有趣一些，因为运气的成分更多了，悬念也更大，孩子们不确定最后会抽到哪些卡片。而且这样的话感觉更像一个真正的游戏了，因为它削减了老师的作用，老师指导的成分降到了最低，因此会提高孩子们的参与度。

如果孩子的年龄足够大，老师完全可以让他们以小组为单位自己动手设计卡片。虽然这样的卡片可能不如专业人士设计的那么有艺术气息，但是绝对是更个性化的。

而且，自己动手设计的卡片会让孩子在玩游戏时积极性更高，更能增加他们的主人公意识，因此游戏也会变得更加有趣。

要点回顾

- 游戏。在班级里，讲故事的时间应该被归入游戏的范畴，而不是当成作业强迫孩子完成。

·老师讲故事。老师选择故事的原则可以参考之前我们给父母的建议，即选择那些结局圆满的故事，文化背景相近的、易于理解的故事等。

·老师先开始讲。孩子们以书面的形式续写出故事的结局，前提是孩子足够大，能流畅地进行书写。

·划分小组。每5~6个孩子分成一组，以小组为单位口头续讲完整的故事。老师要确保每个孩子都有所贡献。

·氛围。营造轻松、宽容的氛围，教孩子学会尊重和接受别人的成果，对发展孩子的想象力至关重要。

·童话故事的三要素：主角（好的）、反面主角（坏的）、盟友或助手（好的），是童话故事的三个基本要素。

·职能。主角是故事里的英雄，反面主角是让主角陷入麻烦的人，盟友是帮助主角实现目标的人。

·老师给出元素。老师从主角、反面主角和盟友中选出2~3个元素，然后在这些元素之间建立起联系，创作出一个完整的故事。

·卡片。老师制作或让孩子自己制作三副卡片：主角一副，反面主角一副，盟友一副。孩子（以小组为单位）从每副卡片中抽出一张得到故事的三个要素，然后用这三个要素创作出一个故事。

附 录

推荐书目

童话书

本书中曾多次提到,"经典"童话故事由于情节设计合理,是最适合讲给孩子听的故事。经典童话故事中最"经典"的代表作,可能要数格林兄弟收集整理的故事集了,这套故事集版本很多,既有大字版(孩子可以自己读),也有适合由大人读给孩子听的字体大小正常的版本。适合成人读的版本中,我推荐以下书目:

《格林童话》,作者雅各布·格林和威廉·格林(J. & W. Grimm),意大利埃伊纳乌迪(Einaudi)出版社,都灵

意大利的童话故事也编成了很多文集,有时候会按照大区进行分类。

由作家伊塔罗·卡尔维诺(Italo Calvino)编辑整理的故事集中收录了非常多精彩的意大利童话故事,这本书就是:

《意大利童话》,作者伊塔罗·卡尔维诺,意大利埃伊纳乌迪(Einaudi)出版社,都灵

意大利著名儿童文学作家贾尼·罗大里(Gianni Rodari)也有

很多精彩的作品，我推荐以下几本故事集：

《电话里的故事》，作者贾尼·罗大里，意大利埃伊纳乌迪 (Einaudi) 出版社，都灵

《圣诞树的星球》，作者贾尼·罗大里，意大利埃伊纳乌迪 (Einaudi) 出版社，都灵

《猫先生的生意》，作者贾尼·罗大里，意大利埃伊纳乌迪 (Einaudi) 出版社，都灵

《好玩的故事太多了》，作者贾尼·罗大里，意大利埃伊纳乌迪 (Einaudi) 出版社，都灵

《朗培尔托男爵》，作者贾尼·罗大里，意大利埃伊纳乌迪 (Einaudi) 出版社，都灵

《贡多拉里的鬼魂》，作者贾尼·罗大里，意大利埃伊纳乌迪 (Einaudi) 出版社，都灵

深入讲解童话理论的书

想要深入了解本书中所涉及的童话理论的读者，可以根据自己的需要，选择不同难度的作品来研读。

贾尼·罗大里（Gianni Rodari）有一部作品是探讨如何使用想象力的，内容简单，适合所有人读：

《想象的语法》，作者贾尼·罗大里，意大利埃伊纳乌迪 (Einaudi) 出版社，都灵

俄罗斯杂文作家弗拉基米尔·普罗普（Vladimir J. Propp）的著作探讨的主要是童话故事的结构、故事元素的意义以及事件之间的

相互作用。

《童话故事的历史根源》，作者弗拉基米尔·普罗普，意大利柏林格力（Boringhieri）出版社，都灵，这本书比较容易读。

《故事形态学》，作者弗拉基米尔·普罗普，意大利牛顿开普森（Newton Compton）出版社，罗马，这本书内容复杂深奥，适合专门研究故事理论的人读。

心理分析学家们阐述故事理论的著作中，我这里也推荐一些比较"经典"的作品。这些都是适合相关专业研究人员读的书。

奥地利心理分析学家布鲁诺·贝特尔海姆（Bruno Bettelheim）的著作：

《神奇的世界》，作者布鲁诺·贝特尔海姆，菲尔特瑞奈利（Feltrinelli）出版社

荣格（Jung）的学生、心理分析学的主要代表人物之一玛丽·路易丝·弗兰丝（Marie-Louise von Franz）的著作：

《童话故事解读》，作者玛丽·路易丝·弗兰丝，意大利柏林格力（Boringhieri）出版社，都灵

《童话中的女性角色》，作者玛丽·路易丝·弗兰丝，意大利柏林格力（Boringhieri）出版社，都灵

《结局圆满的童话故事》，作者玛丽·路易丝·弗兰丝，意大利雷德（red edizioni）出版社，诺瓦拉

附 录

有关于人类想象在象征学上的意义，我推荐以下两本：

《想象力的人类学结构》，作者吉尔伯特·杜兰（G. Durand），意大利戴达乐（Dedalo）出版社，巴里

《意识的起源史》，作者艾瑞旭·诺伊曼(Erich Neumann)，阿斯特来比（Astrolabio）出版社，罗马

法国哲学家加斯东·巴舍拉（Gaston Bachelard）探讨集体潜意识和个人潜意识中经常出现的象征主义意象的著作：

《火的心理分析》，作者加斯东·巴舍拉，意大利戴达乐（Dedalo）出版社，巴里

《水的心理分析》，作者加斯东·巴舍拉，意大利雷德（red edizioni）出版社，诺瓦拉

《气的心理分析》，作者加斯东·巴舍拉，意大利雷德（red edizioni）出版社，诺瓦拉

《火的诗学》，作者加斯东·巴舍拉，意大利雷德（red edizioni）出版社，诺瓦拉

用卡片玩编故事的游戏

·在下面的几页中,你们会看到9张游戏卡片:

——3张主角卡(王子、公主和男孩);

——3张反面主角卡(巫婆、监狱看守人和吃人的妖怪);

——3张助手/盟友卡(驴子:有魔法的动物;魔杖:有魔力的物品;仙女)。

·你们可以把这些卡片剪下来,直接用它们来玩编故事的游戏(参照书中第117页的说明)。

·你们也可以从这些卡片样例中汲取灵感,创作出新的人物,然后设计出对应的游戏卡片(时刻要牢记"三要素"原则,可以参考书中第117-118页"三要素的构成"部分)。无论是在学校还是在家里,这种方式都可以让游戏变得更有趣、更有创意。

王子

主角卡

公主

主角卡

男孩

主角卡

巫婆

反面主角卡

监狱看守人

反面主角卡

吃人的妖怪

反面主角卡

驴子

助手 / 盟友卡

魔杖

助手／盟友卡

仙女

助手 / 盟友卡